# Sein Zeichen setzen

Jr. Horatio Alger

**Writat**

Diese Ausgabe erschien im Jahr 2023

ISBN: 9789359257372

Herausgegeben von
Writat
E-Mail: info@writat.com

# Inhalt

# KAPITEL I
# EIN UNANGENEHMES GESPRÄCH

GERALD LANE stand vom Frühstückstisch auf und wollte gerade den Raum verlassen, als seine Stiefmutter ihn ansprach:

„Warte einen Moment, Gerald, ich habe dir etwas zu sagen."

Mrs. Lane war eine dünne Frau, etwas über der üblichen Größe, mit einer hervorstehenden Nase und dünnen Lippen. Es war leicht zu erkennen, dass sie nicht Geralds Mutter war. Er war ein kräftiger, gut gebauter Junge mit roten Wangen und einem freundlichen Gesicht, aber sein Gesichtsausdruck war in diesem Moment ernst und traurig.

Er hielt inne und sah seine Stiefmutter fragend an.

„Setzen Sie sich", sagte sie, „ich habe Ihnen viel zu sagen."

Gerald zog einen Stuhl vom Tisch und setzte sich.

„Der traurige Tod Ihres Vaters", begann Mrs. Lane, „wird natürlich einen Unterschied in den Familienverhältnissen machen."

„Es macht einen großen Unterschied für mich", sagte Gerald bitter. „Ich bin enterbt und habe keine Perspektive."

„Ähem! Ich hoffe, du machst deinem Vater nicht so bald nach seinem Tod Vorwürfe. Das ist gelinde gesagt unziemlich."

„Ich mache ihm keine Vorwürfe, aber ich kann nicht verstehen, warum er dir sein ganzes Eigentum hinterlassen soll und mir nichts."

„Diese Aussage ist irreführend."

„Ist es nicht wahr?"

„Ja, er hat mir so viel Vertrauen entgegengebracht, dass er das Anwesen in meine Hände gelegt hat, aber er empfiehlt Sie meiner Obhut. Daher kann nicht gesagt werden, dass Sie enterbt sind."

„Ich bin von dir abhängig", sagte Gerald mit einem Anflug von Bitterkeit in der Stimme.

„ Du warst also von ihm abhängig."

„Das war anders. Er war mein Vater."

„Und ich bin deine Mutter."

"Meine Stiefmutter."

„Jedenfalls war ich die Frau deines Vaters und bin bereit, meine Pflicht dir gegenüber zu erfüllen. Ich habe sorgfältig überlegt, was meine Pflicht ist, und ich habe dich gebeten, nach dem Frühstück anzuhalten, um meine Pläne für dich zu besprechen ."

"Ich höre zu."

„Ich denke, ich werde Sie von der Akademie abmelden, da es unter den gegenwärtigen Umständen unmöglich wäre, Sie aufs College zu schicken, und Sie bereits eine gute Ausbildung haben."

"Warum ist das unmöglich?"

„Das wäre sehr teuer."

„Mein Vater wollte mich aufs College schicken."

„Das mag sein, aber er verdiente neben seinem Vermögen ein Einkommen, und ich nicht."

„Was ist dann dein Plan für mich?"

„Ich denke, es wäre gut für Sie, sofort zur Arbeit zu gehen."

„Mrs. Lane, erlauben Sie mir, ein Wort zu sagen?"

„Mach weiter", sagte sie kalt.

„Ich habe Grund zu der Annahme, dass mein Vater einen beträchtlichen Teil seines Vermögens hinterlassen hat. Ich habe gehört, dass es auf fünfzigtausend Dollar geschätzt wird."

„Eigentum wird fast immer stark überschätzt."

„Nennen wir es dreißigtausend. Wenn ich nach Bowdoin gehe, dem College meines Vaters, komme ich wahrscheinlich für fünfzehnhundert Dollar durch."

„Das ist eine Menge Geld."

„Nicht, wenn es über vier Jahre verteilt ist. Ich werde im nächsten Herbst bereit sein, einzusteigen."

„In den vier Jahren, die du auf dem College warst, könntest du dir ein gutes Einkommen erarbeiten."

„Vielleicht ja. Wenn ich ein armer Junge wäre, wäre das eine Überlegung."

„Es ist jetzt eine Überlegung."

„Dann hast du dich entschieden, mir die Bildung zu verweigern, die mein Vater für mich vorgesehen hat. Kannst du mir sagen, welche Pläne du für mich geschmiedet hast?"

„Mir gefällt dein Ton nicht, Gerald; du bist zu unabhängig und wenig respektvoll. Ich werde jedoch deine Frage beantworten. Mr. Tubbs, der Lebensmittelhändler, braucht einen Jungen, der sich um seinen Laden kümmert und ihm hilft, seine Bücher zu führen. Ich glaube, Sie haben Buchhaltung studiert?"

„Ja", antwortete Gerald und musterte seine Stiefmutter aufmerksam.

„Er wird dich nehmen und dir drei Dollar pro Woche zahlen. Du kannst zu Hause bleiben und ich werde dir die Hälfte deines Gehalts gewähren, aber ich erwarte von dir, dass du deine Kleidung selbst kaufst."

„Aus anderthalb Dollar pro Woche?"

„Ja, ich halte das für ein sehr angemessenes Einkommen. Ein Dollar pro Woche reicht für Ihre Kleidung, und Sie haben fünfzig Cent als Taschengeld."

Geralds Gesicht wurde rot. Bei diesem Tempo würde er nur einen geringfügigen Vorteil aus dem schönen Besitz ziehen, den sein Vater ihm hinterlassen hatte.

„Glauben Sie, Mrs. Lane", sagte er, „dass Sie mit dieser Vereinbarung die Wünsche meines Vaters erfüllen?"

„Wahrscheinlich kann ich diesen Punkt genauso gut beurteilen wie Sie", sagte Mrs. Lane steif.

„Wann soll ich die Schule verlassen?" fragte Gerald nach einer Pause.

„Mr. Tubbs möchte, dass Sie ab nächsten Montag in einer Woche mit der Arbeit beginnen. Wenn Sie möchten, können Sie noch eine weitere Woche zur Schule gehen."

„Das werde ich nicht tun. Ich brauche eine Woche, um über die Veränderung in meinem Leben nachzudenken."

„Ganz wie es Ihnen gefällt."

„Haben Sie mir noch etwas zu sagen?" fragte Gerald und erhob sich.

"Ja."

Zu Geralds Überraschung veränderte sich das Verhalten seiner Stiefmutter und sie wirkte nervös und nicht mehr cool und selbstbeherrscht.

"Sehr gut."

„Ich werde dir gleich etwas erzählen, das dich vielleicht überraschen wird, auch wenn es deinem Vater natürlich bekannt war."

Geralds Neugier war geweckt. Es muss etwas Wichtiges sein, sonst würde Mrs. Lanes Selbstbeherrschung nicht gestört.

„Wahrscheinlich wissen Sie, dass ich Witwe war, als ich Ihren Vater heiratete."

„Das habe ich gehört."

„Aber du wusstest nicht, dass ich einen Sohn habe, der ungefähr in deinem Alter ist?"

„Nein, das wusste ich nicht", erwiderte Gerald, sein Gesicht zeigte sein Erstaunen. „Warum habe ich den Jungen nie gesehen? Warum hast du ihn nicht hierher gebracht?" er hat gefragt.

„Dein Vater hielt es für nicht das Beste. Er dachte, dass du und Abel vielleicht nicht einer Meinung wären."

„Ist es dann so schwierig, mit mir auszukommen?"

„Ähem! Du bist sehr unabhängig und eigensinnig."

„Und Abel?"

„Er ist ziemlich stolz. Du hättest ihm wahrscheinlich das Gefühl gegeben, dass er in einer minderwertigen Position sei, und dann hätte es Ärger gegeben."

„ Ich verstehe immer noch nicht, warum seine Existenz vor mir hätte verborgen bleiben sollen?"

„Dein Vater hielt es für das Beste."

Gerald musterte seine Stiefmutter nachdenklich. War das wahr – diese Aussage von ihr? Es ging nicht um die Existenz des Jungen – daran hatte er keinen Zweifel –, sondern um die Beteiligung seines Vaters an der Verschwörung, die Sache geheim zu halten.

„Wo ist dann Abel, da er noch nie hier war?" er hat gefragt.

„Er war in einem fünfzig Meilen entfernten Internat in der Stadt Fulton. Ich erwarte ihn heute Abend hier."

„ Das Geheimnis ist also gelüftet!" dachte Gerald. „Aber gibt es nicht den gleichen Einwand wie zuvor?" er hat gefragt. „Vielleicht sind wir uns nicht einig."

„Die Umstände haben sich geändert. Er wird nicht länger in einer unterlegenen Position sein."

"Ich verstehe nicht."

„Als mein Sohn wird er Vorrang vor Ihnen haben", sagte Mrs. Lane mit einem triumphierenden Lächeln.

„Aber das Geld gehörte meinem Vater."

„Es gehört jetzt mir", sagte seine Stiefmutter scharf.

Gerald war wie vom Blitz getroffen. Es reichte nicht aus, dass sich seine Stiefmutter das Eigentum aneignete, das seiner Meinung nach ihm gehören sollte, sondern dass dieser unbekannte Junge, den er noch nicht gesehen hatte und von dessen Existenz er es nicht für unwahrscheinlich hielt, dass sein Vater nichts gewusst hatte, dies tun sollte mit einem Recht ausgestattet, das über seinem eigenen liegt. Er schwieg einen Moment. Dann sagte er:

„Ich hoffe, Abel und ich werden Freunde sein."

„Es wäre klug von dir, ihn gut zu behandeln", sagte seine Stiefmutter.

„Wann erwarten Sie ihn hier?"

„Irgendwann heute Nachmittag."

„Haben Sie mir noch etwas zu sagen?"

„Derzeit nicht."

Gerald stand langsam auf und verließ das Haus. Er fühlte sich niedergeschlagen und gedemütigt. Er hatte das Gefühl, dass seine Stiefmutter die Oberhand hatte. Er erinnerte sich noch gut an den Tag vor nur zwei Jahren, als Mrs. Ruth Tyler als Frau seines Vaters ihr Haus betrat. Sie war nach Portville gekommen und hatte in sehr kleinem Maßstab eine Hutmacherei eröffnet. Sie besuchte dieselbe Kirche wie sein Vater und schaffte es in kurzer Zeit, ihn kennenzulernen. Sie konsultierte ihn in geschäftlichen Angelegenheiten und bemühte sich, ihm zu gefallen. Schließlich folgte die Heirat. Zu Lebzeiten seines Vaters hatte Gerald nichts an ihrer Behandlung zu bemängeln, aber seit der Beerdigung hatte sie die Maske abgelegt. Gerald konnte sie sich nur als jemanden vorstellen, der ihn um sein rechtmäßiges Erbe betrogen hatte.

# KAPITEL II
# HERR TUBBS, DER LEBENSMITTELHÄNDLER

GERALD war durch die Mitteilung seiner Stiefmutter so verstört, dass er wahllos umherlief, ohne zu wissen, in welche Richtung er ging. Bevor er sich dessen bewusst wurde, kam er an dem Lebensmittelgeschäft vorbei, in dem er nach Mrs. Lanes Plänen eine Anstellung finden sollte. Als er den Blick hob, sah er Mr. Tubbs in der Tür stehen.

Der Lebensmittelhändler war ein kleiner, kräftiger Mann, nicht größer als 1,70 Meter und wog gut 90 Kilogramm. Seine Gesichtszüge entspannten sich zu einem Lächeln, als er Gerald erkannte.

„Komm her, Gerald", sagte er.

Gerald hielt inne, und als er in den Lebensmittelladen mit seinem gesandeten Boden, Fässern voller Mehl und Kisten voller Kartoffeln blickte, während der getrocknete Kabeljau an der Wand hing, sank ihm das Herz. Er hatte keine Angst vor der Arbeit, aber an einem solchen Ort und in einer solchen Umgebung zu arbeiten kam ihm tatsächlich trostlos vor.

„Dann kommen Sie, um für mich zu arbeiten?" sagte Mr. Tubbs breit lächelnd. „Hat deine Mutter es dir nicht gesagt?"

„Meine Stiefmutter hat es heute Morgen erwähnt", sagte Gerald ernst.

„Wir haben letzte Woche den Deal gemacht. Du bekommst auch einen guten Lohn. Drei Dollar pro Woche. Ich habe noch nie so viel bezahlt, aber ich gehe davon aus, dass du es verdienst. Du siehst aus wie ein guter, starker Junge . "

„Ja, ich bin stark", sagte Gerald kurz.

„Und Sie sind wohl bereit zu arbeiten?"

„Ich weiß es nicht, Mr. Tubbs. Mrs. Lane hatte kein Recht, einen Handel für mich abzuschließen. Mein Vater wollte immer, dass ich aufs College gehe."

„Das würde eine Menge Geld kosten, Gerald. Hier würdest du das Geschäft lernen. In ein paar Jahren verdienst du vielleicht zehn Dollar pro Woche."

Er sprach, als wäre es eine sehr große Summe.

„Ich habe keine Angst vor der Arbeit, Mr. Tubbs, aber ich glaube nicht, dass mir das Lebensmittelgeschäft gefallen wird."

„Puh, puh! Ein Junge wie du weiß nicht, was er möchte. Wie alt bist du?"

"Sechzehn."

„Sechzehn? Na ja, mit sechzehn konnte ich ein Fass Mehl heben. Ich habe gut gearbeitet, wenn ich es selbst sagen darf. Ich habe in genau diesem Laden nur zwei Dollar pro Woche bekommen, und jetzt gehört es mir.“

Er blickte sich voller Stolz um. Sein größter Ehrgeiz wurde mit dem Besitz eines Lebensmittelladens verwirklicht.

„Was sagst du dazu?“

„Das haben Sie gut gemacht, Mr. Tubbs.“

„Habe ich das nicht? Und Sie können es auch tun. Wenn Ihre Mutter in fünf Jahren ein wenig Geld vorschießt, kann ich Ihnen vielleicht eine Beteiligung an dem Geschäft gewähren.“

Gerald antwortete nicht. Sein Herz schmerzte, und er hatte das Gefühl, dass das Leben, wenn es hier verbracht werden sollte, für ihn wenig Reize bereithielt.

„Gehst du jetzt zur Schule?“

"Ich bin gewesen."

„Deine Mutter hat mir gesagt, dass du vielleicht ab Montag in einer Woche hierherkommst, aber ich möchte, dass du eine Woche früher kommst, wenn du kannst, genauso gut wie nicht.“

„Nein, ich werde warten“, sagte Gerald hastig.

„Na ja, ganz wie Sie wollen, aber wenn Sie abends kommen, um sich ein wenig an die Arbeit zu gewöhnen, gebe ich Ihnen, sagen wir mal, fünfundsiebzig Cent für eine Woche.“

„Ich denke, Sie müssen mich entschuldigen, Mr. Tubbs.“

„Na ja, ich werde nicht darauf bestehen“, sagte der Lebensmittelhändler halb unzufrieden.

Es war Samstag, der wöchentliche Schulurlaub. Wenigstens heute war Gerald frei. Er beschloss, zum Crescent Pond zu laufen und mit seinem Boot hinauszufahren. Er hatte dort ein kleines Dory, das ihm sein Vater zu seinem letzten Geburtstag geschenkt hatte. Unterwegs kam er an einem kleinen Häuschen vorbei, das zum Anwesen seines Vaters gehörte. Es wurde von einer Witwe namens Holman gemietet. Ihr Sohn John war einer seiner Schulkameraden, arbeitete aber jetzt in einem Schuhgeschäft.

John saß auf einer Schubkarre im Hof.

„Komm und streite dich, John", sagte Gerald, „das heißt, wenn du heute nicht arbeitest."

„Nein, der Laden ist für zwei Wochen geschlossen", sagte John nüchtern. „Es wird wahrscheinlich ein schlechter Job für uns sein."

"Wie ist das?"

„Unsere Miete war gestern fällig und wir können sie nicht bezahlen."

„Aber das ist eines von Vaters Häusern."

„Ja, wenn dein Vater noch am Leben wäre, gäbe es keine Probleme."

„Haben Sie eine Zahlungsaufforderung erhalten?" fragte Gerald schnell.

„Deine Stiefmutter sagt, wenn die Miete am Montag nicht bezahlt wird, müssen wir erscheinen."

„Sicher wäre sie nicht so unmenschlich."

„Das ist genau das, was sie gesagt hat, als Mutter gestern Nachmittag ins Haus ging. Für sie machte es keinen Unterschied, dass ich arbeitslos war. Ich wünschte, das Haus gehörte dir, Gerald."

„Nichts scheint mir zu gehören, John", sagte Gerald ernst. „Frau Lane hat mir heute Morgen gesagt, dass ich die Schule verlassen und zur Arbeit gehen muss."

„Was für eine Schande! Wie konnte dein Vater dich der Macht einer solchen Frau überlassen?"

„Das kann ich nicht sagen, John. Das ist es, was mich verwirrt. Aber wie hoch ist die Miete?"

„Sechs Dollar."

„Haben Sie etwas dagegen?"

„Nein. Das Geld, das wir haben, muss für Lebensmittel verwendet werden."

„Dann sage ich Ihnen, was ich tun werde. Ich habe etwas Geld auf der Sparkasse. Ich werde sechs Dollar abheben und es Ihnen leihen, aber Sie dürfen Mrs. Lane nicht sagen, woher es kommt aus."

„Du bist furchtbar nett, Gerald; aber ich denke nicht, dass wir dein Angebot annehmen sollten."

„Warum nicht? Das Geld gehört mir."

„Deine Stiefmutter könnte Einwände erheben."

„Ich glaube nicht, dass sie weiß, dass ich Geld auf der Bank habe; außerdem war es immer meine Aufgabe, zu tun, was ich wollte. Vater hat sich nie eingemischt.“

„Aber da Sie kein Geld mehr haben, könnten Sie es brauchen.“

Gerald gestand sich ein, dass das sehr wahrscheinlich wahr sein könnte, aber er hatte das Gefühl, dass Mrs. Holman das Geld mehr brauchte als er.

„Wir werden uns keine Sorgen um die Zukunft machen“, sagte er. „Im Moment brauchen Sie das Geld und ich nicht.“

„Ich fürchte, ich muss das Geld um meiner Mutter willen annehmen.“

„Das ist richtig, John; komm mit mir und ich werde es rausholen.“

Die Sparkasse war ein kleines Gebäude an der Hauptstraße. Es war kaum eine Viertelmeile entfernt und die beiden Jungen waren bald drinnen. Gerald stellte an einem kleinen Tisch neben der Tür einen Scheck aus und überreichte ihn dem Kassierer. Gerald war ein Favorit des Bankbeamten, der scherzhaft zu ihm sagte:

„Wofür ziehst du dieses Geld? Willst du heiraten?“

„Noch nicht, Mr. Barton, ich fürchte, mein Konto ist dafür nicht groß genug.“

„Ich fürchte, es würde nicht lange halten, wenn Sie es zu diesem Zweck wollten. Wie wollen Sie es bekommen?“

„Das spielt keine Rolle. Eine Fünf und eine Eins reichen.“

"Hier ist es."

Gerald nahm die Scheine und ging auf die Straße.

„Hier, John, nimm das Geld“, sagte er, „ich freue mich, dass es dir helfen wird.“

„Es wird uns sehr entlasten. Mutter hat sich große Sorgen wegen unserer Probleme gemacht. Sie wusste nicht, wohin sie gehen sollte.“

Nun geschah es, dass Mrs. Lane, die auf der gegenüberliegenden Straßenseite ging, die beiden Jungen aus der Bank kommen sah. Ihre Neugier war geweckt und unbemerkt von Gerald ging sie hinüber und betrat die Sparkasse.

„Mr. Barton“, sagte sie, „habe ich Gerald nicht gerade mit dem Holman-Jungen aus der Bank kommen sehen?“

„Ja, Frau Lane.“

„Warum ist er reingekommen?"

Mr. Barton hatte Mrs. Lane noch nie gemocht, und ihr etwas herrischer Ton gefiel ihm nicht.

„Er kam aus geschäftlichen Gründen mit der Bank", sagte er kurz.

„Oh, das hat er, oder? Was hat er hier zu suchen?"

„Du solltest ihn besser fragen."

Frau Lane war provoziert, aber sie sah, dass sie den Bankangestellten nicht einschüchtern konnte.

„Mr. Barton", sagte sie, „hat Gerald Geld auf dieser Bank?"

"Ja."

„Hat er heute Morgen welche gezeichnet?"

"Ja."

"Wie viel?"

„Solche Fragen gegenüber unseren Einlegern beantworte ich nicht."

„Ist von ihm noch etwas übrig?"

"Ja."

„Dann lass ihn doch nicht noch mehr aus sich herausziehen – hörst du ? – ohne mit mir zu reden."

„Mrs. Lane, diese Kaution läuft auf Geralds Namen und stand immer unter seiner Kontrolle. Sein Vater hat sich nie eingemischt, und Sie haben auch kein Recht dazu."

„Gerald Lane ist mein Stiefsohn. Es ist meine Pflicht, dafür zu sorgen, dass er sein Geld nicht verschwendet, verstehen Sie?"

„Wann immer Gerald einen Entwurf vorlegt, werde ich ihn anerkennen, verstehen Sie?" erwiderte die Kassiererin.

Mrs. Lanes Gesicht wurde rot vor Wut.

„Sie sind sehr unhöflich", sagte sie.

„Sie auch, Mrs. Lane. Sie wussten nicht einmal, dass Gerald hier ein Konto hatte, und da sein Vater sich nicht eingemischt hat, verstehe ich nicht, warum Sie das tun sollten. Guten Morgen, Madam!"

Mrs. Lane verließ voller Leidenschaft die Bank. Sie war es nicht gewohnt, ausgebremst zu werden, und sie hätte Mr. Barton von seinem Posten entlassen, wenn es nach ihr gegangen wäre.

# KAPITEL III
# FRAU. LANES ENTTÄUSCHUNG

EINE HALBE Stunde später gingen die beiden Jungen an der Sparkasse vorbei, als Mr. Barton sie erblickte.

Er verließ seinen Platz, ging zur Tür und rief sie.

„Ich muss dir etwas sagen, Gerald", sagte er. „Weiß deine Stiefmutter, dass du ein Guthaben bei unserer Bank hast?"

„Nicht, dass ich wüsste. Es bedeutet ihr sowieso nichts, da mein Vater das Geld hier unter meinem Namen angelegt hat und es meiner Kontrolle überlassen wurde."

„Genau; aber ich muss Ihnen sagen, dass Mrs. Lane weiß, dass Sie hier Geld haben."

„Wie hat sie es herausgefunden?" fragte Gerald erstaunt.

„Sie sah, wie Sie die Bank verließen, und da sie etwas vermutete, kam sie herein und erkundigte sich."

"Also?"

„ Natürlich habe ich ihr gesagt, dass du hier ein Konto hast. Dann hat sie mir verboten, dir etwas davon abheben zu lassen."

„Und du hast dem zugestimmt?"

„Nein, ich habe ihr gesagt, dass das Geld unter Ihrer Kontrolle steht."

„Danke. Was hat sie dann gesagt?"

„Sie fragte, wie viel Geld Sie hier hätten; ich lehnte es ab, es ihr mitzuteilen."

„Herr Barton, Sie sind ein wahrer Freund."

„Es macht mir nichts aus, dir zu sagen, Gerald, dass ich deine Stiefmutter nicht mag und dass ich dich mag."

„Ich fürchte, es wird Ärger geben. Was raten Sie mir?"

„Um Ihr gesamtes Geld bis auf einen Dollar abzuheben. Unsere Regeln lassen das zu."

„Aber was soll ich damit machen? Wenn ich es zu Hause aufbewahre , könnte sie es bekommen."

„Legen Sie es in die Hände eines Freundes, dem Sie vertrauen können."

„Wirst du das für mich übernehmen?"

„Ja, Gerald, wenn Sie glauben, dass Sie mir vertrauen können", sagte Mr. Barton mit einem Lächeln.

„Es gibt niemanden, dem ich mehr Vertrauen schenken würde."

„Dann ziehen Sie einen Scheck über 43 Dollar. Zusammen mit den sechs Dollar, die Sie bereits gezogen haben, bleibt ein Dollar auf der Bank."

„Gut! Ich werde es tun."

Gerald stellte einen Scheck über 43 Dollar aus und überreichte das Geld nach Erhalt Mr. Barton, der ihm ein Memorandum darüber gab.

„Behalte das von deiner Stiefmutter fern", schlug er vor, „sonst wird sie mich darum bitten."

„Wollen Sie das Memorandum nicht selbst aufbewahren, Mr. Barton?"

„Aber das wäre kaum geschäftsmäßig."

„Macht das nicht. Ich habe vollkommenes Vertrauen in dich."

„Sehr gut, da du Vertrauen zu mir hast, werde ich es in meine Blechdose zu Hause legen, und wenn mir etwas passieren sollte, wird es dich beschützen."

„Nun, ich bin froh, dass ich daran nicht mehr gedacht habe", sagte Gerald; „Ich glaube, ich habe Mrs. Lane schachmatt gesetzt."

„Es muss unangenehm sein, es für notwendig zu halten, solch extreme Vorsichtsmaßnahmen zu treffen."

„Das ist es, aber ich muss mich ihm unterwerfen."

„Du hast mir gesagt, dass du zur Arbeit gehst, Gerald", sagte John plötzlich. „Haben Sie sich irgendwo engagiert?"

„Nein, aber Mrs. Lane hat mit Mr. Tubbs, dem Lebensmittelhändler, eine Vereinbarung für mich getroffen."

„Das meinst du nicht so? Du arbeitest in einem Lebensmittelgeschäft!"

„Es ist respektabel und ich habe keine Angst vor der Arbeit, aber es wird sehr unangenehm sein."

„Ich kann Ihnen sagen, dass es so sein wird. Ich habe selbst einmal für den alten Tubbs gearbeitet."

"Wie hat es Dir gefallen?"

„Überhaupt nicht. Ich musste zwölf Stunden am Tag arbeiten und bekam nur zweieinhalb Dollar pro Woche."

„Ich soll die großzügige Summe von drei Dollar haben. Offensichtlich findet Mr. Tubbs das sehr großzügig. Er sagt mir, dass ich mit einundzwanzig vielleicht zehn Dollar pro Woche bekommen werde, und wenn meine Stiefmutter tausend vorschießt." Dollar verkauft er mir möglicherweise eine Beteiligung an dem Geschäft.

"Schade!"

„Dass ich Interesse an dem Geschäft haben sollte?" fragte Gerald mit einem Lächeln.

„Nein, aber dass ein Junge mit Ihrem Stipendium in einem Lebensmittelgeschäft arbeiten sollte, und das für eine solche Summe. Ich verdiene sechs Dollar pro Woche als Angestellter. "

„Ich sollte lieber in Ihrem Laden arbeiten als im Lebensmittelgeschäft."

„Aber es gibt keine freie Stelle. Auch das wäre für Sie unpassend. Na ja, Sie können Latein und Französisch, nicht wahr?"

„Ich habe sie studiert. Wenn Mr. Tubbs lateinamerikanische oder französische Kunden hat , kann ich sie vielleicht bedienen."

„Ich bin froh, dass du darüber Witze machen kannst, Gerald."

„Ich habe keine Lust zu scherzen, das versichere ich Ihnen."

Gegen zwölf Uhr wandte Gerald seine Schritte in Richtung Heimat, obwohl es ihm seit dem Tod seines Vaters nicht mehr wie zu Hause vorkam. Das Abendessen stand um halb eins auf dem Tisch, und er war stets darauf bedacht, pünktlich zu sein.

Mrs. Lane nahm ihren Platz am Tisch ein, steif und steif wie immer. Sie hatte Geralds Sparkassenguthaben nicht vergessen und sich vorgenommen, es unter ihre Kontrolle zu bringen.

Mrs. Lane führte das Thema nicht sofort ein, aber als der Nachtisch serviert wurde , sagte sie: „Ich habe Sie heute Morgen aus der Sparkasse kommen sehen."

„Jetzt geht's los!" dachte Gerald.

„Ja", sagte er kurz zustimmend.

„Seit wann haben Sie dort schon ein Konto?"

„Etwa zwei Jahre."

„Haben Sie heute Morgen Geld abgehoben?"

"Ja."

"Wie viel?"

„Sie müssen mich entschuldigen, Mrs. Lane, aber das ist meine eigene Privatsache."

„Du irrst dich völlig. Du bist mein Stiefsohn und stehst unter meiner Vormundschaft."

„Ich nehme an, dass Sie für mein Eigentum verantwortlich sind. Lassen Sie mich wissen, wie viel es kostet."

Mrs. Lane zuckte zusammen.

„Sie haben kein Eigentum", sagte sie kühl, „außer dem Geld, das Sie vielleicht auf der Sparkasse haben."

„Dann muss ich verstehen, dass nichts vom Eigentum meines Vaters an mich fällt."

„Sie werden einen gewissen Vorteil daraus ziehen. Ihr Zuhause ist in diesem Haus, und das Abendessen, das Sie essen, wird mit dem Geld Ihres Vaters finanziert."

„Aber Sie wollen, dass ich Ihnen die Hälfte des Geldes zahle, das ich für die Arbeit bekommen soll!"

„Ja; aber wenn Sie sich von meinen Wünschen leiten lassen, werde ich es für Sie beiseite legen, um es Ihnen später zu geben."

„Ich bin nicht bereit zu sagen, dass ich mich von Ihren Wünschen leiten lassen werde."

„Weigern Sie sich wirklich, mir zu sagen, wie viel Geld Sie auf der Sparkasse haben?"

"Ich tue."

„Ich verlange von Ihnen, dass Sie mir Ihr Bankbuch geben. Es ist angemessen, dass ich es behalte."

Gerald hatte damit gerechnet.

„Mrs. Lane, seit ich Geld auf der Bank habe, ist das Buch in meinem Besitz. Mein Vater wollte, dass ich es behalte."

„Dein Vater war törichterweise nachsichtig."

„Das glaube ich nicht. Vielleicht sagen Sie mir, was Sie von dem Buch erwarten?"

„Ich möchte verhindern, dass Sie noch mehr Geld abheben."

„ Das habe ich vermutet, und das ist der Grund, warum ich es ablehne, Ihnen das Buch zu geben."

„Sehr gut. Wir lassen das Thema vorerst fallen. Ich vertraue darauf, dass Sie mit der Zeit zum Nachdenken eine andere Sicht auf Ihre Pflicht haben werden."

Gerald war überrascht über den Frontwechsel seiner Stiefmutter.

„Sie will mich aus der Fassung bringen", entschied er. „Sie wird mein Zimmer nach dem Buch durchsuchen."

Da sein Guthaben jetzt nur noch einen Dollar betrug, störte ihn das nicht besonders und hinderte ihn auch nicht daran, in sein Zimmer zu gehen und das Buch in seinen Koffer zu legen.

„Ich möchte hier sein, wenn sie es findet", sagte er sich.

Gerald hatte versprochen, mit seinem Boot auf den Teich hinauszufahren, und John hatte zugestimmt, ihn zu begleiten. Unterwegs hielt er am Haus seines Freundes an und John gesellte sich zu ihm.

In der Zwischenzeit wartete Mrs. Lane, bis Gerald sicher entfernt war, und stieg dann mit erwartungsvollem Blick die Treppe zu seinem Zimmer hinauf. Sie hatte bemerkt, dass ihr Stiefsohn die Treppe hinaufging, und hielt es für wahrscheinlich, dass er das Buch weggelegt hatte.

Geralds Koffer stand in einer Ecke des Zimmers. Es war verschlossen, was jedoch kein Hindernis darstellte. Mrs. Lane kniete davor nieder und holte einen Schlüsselbund aus ihrer Tasche. Sie fand nicht sofort einen, der in das Schloss passte, aber schon bald tauchte der richtige Schlüssel auf.

"Ha!" sagte sie triumphierend, als der Schlüssel im Schloss gedreht und der Deckel angehoben wurde . „Jetzt, Meister Gerald, werden wir sehen, wie viel Geld Sie auf Ihrem Konto haben."

Das Sparbuch befand sich direkt unter dem Tablett, und es wurde keine Zeit verschwendet, es zu finden.

Sie öffnete eifrig das Buch und überflog die Einträge. Doch ihrer ersten Hochstimmung folgte ein Ausdruck voller Wut und Enttäuschung. Fünfzig Dollar wurden Gerald gutgeschrieben, seine Wechsel beliefen sich jedoch auf neunundvierzig. Es war nur noch ein Dollar übrig.

„Zwei Entwürfe heute Morgen!" sagte Mrs. Lane wütend. „Was hat er mit dem Geld gemacht?"

Sie durchsuchte sorgfältig den Kofferraum und hoffte, irgendwo eine Rolle Geldscheine zu finden, aber wie wir wissen, war sie zur Enttäuschung verurteilt.

„Er ist schlau“, murmelte sie; „Aber ich werde ihm noch eine Falle stellen.“

Sie ließ das Buch im Tablett liegen, obwohl es darunter gelegen hatte. Als Gerald seinen Koffer öffnete, entdeckte er die Veränderung und wusste, dass sein Koffer von seiner Stiefmutter geöffnet und untersucht worden war.

# KAPITEL IV
# DER VERLORENE BRIEF

MRS. LANES frühes Leben war sowohl vor als auch nach ihrer ersten Ehe von Armut geprägt. Aus diesem Grund heiratete sie Mr. Lane und freute sich auch über den Besitz seines Eigentums. Sie wollte die Entbehrungen der Vergangenheit durch ein großzügiges Leben wettmachen. Sie dachte bereits über eine Reihe von Reisen mit ihrem eigenen Sohn nach. Was Gerald betraf, hatte sie ihn immer nicht gemocht, da sie das instinktive Gefühl hatte, dass er ihr misstraute und sie nicht mochte.

Das Eigentum von Herrn Lane war mit Ausnahme des Wohneigentums in Aktien, Anleihen und Bankeinlagen investiert, und die Aufgabe eines Testamentsvollstreckers war daher einfach. Sie hatte nach dem Tod ihres Mannes keine Zeit verloren, den Wert des Nachlasses einzuschätzen. Fast täglich öffnete sie die Blechschachtel mit den Wertpapieren und sah sie sich an. Es war eine Augenweide.

Nach ihrem Misserfolg mit Geralds Koffer widmete sie sich ein paar Minuten dieser sympathischen Aufgabe. Als es vorbei war, erhellte sich ein Ausdruck der Freude auf ihrem Gesicht.

„Fünfzigtausend Dollar!" sagte sie sich. „Das ist in der Tat ein Glücksfall für jemanden, der bis vor zwei Jahren gezwungen war, von einem Einkommen von weniger als zwölf Dollar pro Woche zu leben. Die Vorkehrungen, die ich für Gerald getroffen habe, werden verhindern, dass er für mich und meine Familie große Kosten verursacht." Das Vermögen meines Mannes wird unter meiner eigenen Kontrolle stehen. In ein paar Stunden wird mein Sohn – mein lieber Abel – hier sein, und es wird keinen Grund mehr geben, seine Existenz zu verbergen. Hätte Mr. Lane gewusst, dass ich einen Sohn habe, der so alt ist wie er? Ich gestehe, es ist zweifelhaft, ob er mich geheiratet hätte. Nun, jetzt ist alles vorbei! Und ich werde Abel künftig bei mir haben."

Aus dem Boden der Blechschachtel zog sie ein gefaltetes Papier hervor. Es war in Mr. Lanes Handschrift verfasst und mit „An den Testamentsvollstrecker" adressiert. Darin hieß es: „Es besteht ein möglicher Anspruch gegen meinen Nachlass, über den ich unbedingt sprechen muss." Fünf Jahre, seit mein alter Freund und Schulkamerad John Graves am Vorabend seiner Abreise nach Australien eintrat Ich verwahre sein gesamtes Vermögen in Höhe von dreißigtausend Dollar in meinen Händen. Seine Frau war gestorben; er hatte keine Erben, und er hatte beschlossen, eine lange Reise auf sich zu nehmen, um sich zu beschäftigen und wenn möglich seinen Kummer zu lindern . „Vielleicht komme ich nie wieder zurück", sagte er,

„und in diesem Fall, alter Freund, gehört das Geld, das ich bei dir lasse, dir. Ich könnte es nicht besser hinterlassen, als meinem alten Schulkameraden und Freund." Ich war berührt von diesem Beweis seines Vertrauens in mich und nahm das Vertrauen an. Von Zeit zu Zeit hörte ich von ihm, aber seit zwei Jahren kam keine Nachricht von dem Wanderer. Ob er noch lebt, kann ich nicht sagen. Wenn tot, der Das Eigentum gehört mir. Es wird den Nachlass, den ich hinterlasse, mehr als verdoppeln; aber ich kann nicht sicher sein. Ich hoffe aufrichtig, dass John noch am Leben ist. Auch wenn zwei Jahre vergangen sind, ist er verpflichtet, jederzeit zurückzukehren und die von ihm hinterlegte Summe zurückzufordern in meinen Händen. Sollte dieser Anspruch nach meinem Tod geltend gemacht werden, wird es die heilige Pflicht meines Testamentsvollstreckers sein, ihm sein Eigentum zurückzugeben. Selbst wenn er die Anerkennung, die ich ihm gegeben habe, verloren hat, muss dieses Eigentum aufgegeben werden, wenn er sein Eigentum beweist Identität. Von meinem eigenen Vermögen wird immer noch ein Betrag übrig bleiben, der ausreicht, um diejenigen zu unterstützen, die ich in bescheidenem Stil zurücklasse.

Dies war das von Ernest Lane unterzeichnete Papier, das Mrs. Lane mit gerunzelter Stirn las. Es war der einzige Tropfen Bitterkeit in ihrer Tasse.

„Dreißigtausend Dollar!" sie dachte nach. „Nun, das würde mir nur zwanzigtausend übrig lassen. Das würde nicht ausreichen, um meine Pläne auszuführen. Wahrscheinlich ist dieser Mann, Graves, tot; aber sollte er wieder auftauchen, wäre das eine schreckliche Enttäuschung. Das Geld muss und soll in meinem Besitz bleiben! I wird die Behauptung ablehnen, falls sie jemals erhoben wird. Aber sollte dieses Papier gefunden werden – sollte es als Beweismittel verbleiben – wäre dies unmöglich. Vernichten Sie es besser. Es ist der einzig sichere Weg."

Sie schloss die Kiste mit den Papieren ab und legte sie in den Safe. Sie wollte gerade das wichtige Papier mitnehmen und entsorgen, als in der Küche ein Schreckensschrei zu hören war. Sie legte das Papier vorübergehend auf den Tisch, rannte die Treppe hinunter und stellte fest, dass ein wilder Hund zur großen Beunruhigung des Kochs in die Küche eingedrungen war. Mrs. Lane war kein Feigling. Sie ergriff einen Besen und trieb das Tier mit gezielten Schlägen hinaus. Dann ging sie nach oben, um die Nachricht von Mr. Lane zu vernichten.

Es war weg!

Ganz beunruhigt suchte Mrs. Lane danach. Das Fenster war offen und es könnte sein, dass es herausgeflogen war. Mit dieser Idee im Hinterkopf ging sie auf den Rasen und suchte sorgfältig, aber vergebens; das fehlende Papier war nirgends zu finden.

Mrs. Lane sank bestürzt auf einen Stuhl.

„Was für ein Idiot war ich, es nicht mitzunehmen!" sagte sie sich. „Ich hätte es zerstört und niemand wäre klüger gewesen. Sollte es nun in die Hände einer dritten Person fallen, könnte es zu meinem Nachteil verwendet werden."

Wieder durchstreifte sie das Zimmer und suchte den Rasen ab. Es war sicherlich sehr mysteriös. Sie war noch keine fünf Minuten weg, doch das Papier war verschwunden und es gab keine Spur davon.

„Wenn ein Kind es finden würde, würde es es wahrscheinlich zerreißen, und das würde meinen Zweck erfüllen", dachte sie, „und alles wäre in Sicherheit."

Sie schaute sich um und hoffte, ein Kind in der Nähe zu sehen, aber es war keins zu sehen.

In einiger Entfernung schuftete ein Mann die Straße entlang, dessen äußeres Erscheinungsbild und seine schäbige Kleidung ihn als Landstreicher verrieten. Mrs. Lanes Blick fiel auf ihn, brachte ihn jedoch nicht mit dem verlorenen Dokument in Verbindung. Dennoch könnte es in einer seiner Innentaschen gefunden worden sein, wo er es sorgfältig verstaut hatte.

So ist es passiert:

Als Mrs. Lane das Zimmer verließ, waren zwei Fenster geöffnet, so dass ein Luftzug durch das Zimmer führte. In einer Reihe zwischen den Fenstern stand der Tisch, auf den sie den Brief gelegt hatte. Kaum war Mrs. Lane die Treppe hinuntergegangen, hob der Wind in ausgelassener Stimmung das Papier hoch und wehte es durch das Vorderfenster auf den Rasen draußen. James Skerrett, der Landstreicher, erspähte es von der Straße aus und kam auf den Gedanken, dass es möglicherweise von Wert sein könnte. Er betrat das Tor und ein paar Schritte brachten ihn zur Zeitung. Er hob es auf und steckte es in die Tasche, ohne zu wissen, was es war. Es könnte jedoch etwas wert sein, und als sich das bot, nutzte er es. Er blieb nicht stehen, um es zu untersuchen, damit er nicht bemerkt wurde. Zeit genug dafür später. Tatsächlich wagte er dies erst, als er eine Viertelmeile entfernt war.

Obwohl James Skerrett ein Landstreicher war, hatte er eine gute Ausbildung erhalten und war ein Mann von einiger Intelligenz. Er war in der Lage, in einer respektablen Position einen guten Lebensunterhalt zu verdienen, aber Alkohol war sein Feind und würde ihn wahrscheinlich sein ganzes Leben lang begleiten.

Als er den Brief las, vermutete er richtig, dass er wichtig war.

„Gibt mir die Frau etwas dafür, wenn ich es zurückgebe?" fragte er sich.

Es schien kaum wahrscheinlich. Es wäre vielleicht besser für sie, wenn es zerstört würde. Außerdem hatte er sie durch das offene Fenster gesehen, und ihr Gesicht hatte auf ihn den Eindruck einer sehr gemeinen Frau gemacht.

„Sie würde mich eher des Diebstahls bezichtigen und mir mit Verhaftung drohen", dachte er. „Was soll ich tun? Soll ich es behalten? Das würde mich nicht bezahlen, da ich vielleicht nie wieder hierher komme. Wenn ich jemanden dazu bringen könnte , es zu nehmen und mir auch nur einen Dollar dafür zu geben, wäre es besser, es zu bekommen." es sofort von meinen Händen.

Dieser Gedanke wurde durch die Erkenntnis bestärkt, dass sein gesamter verfügbarer Geldvorrat nur sieben Cent betrug. Als er beiläufig den Blick hob, blieb sein Blick auf einem Schild über einem kleinen Bürogebäude auf der gegenüberliegenden Straßenseite hängen.

Das war das Zeichen:

ENOCH PERKINS ,

Rechtsanwalt

In der Regel mied der Landstreicher jede Person, die irgendeinen Bezug zum Gesetz hatte, aber er war kurz davor, sich als tugendhafter Mann auszugeben, der verlorenes Eigentum zurückgab. Auch hier würde ein Anwalt den Wert des Papiers kennen. Auf jeden Fall beschloss er, ihn anzurufen und Verhandlungen aufzunehmen.

Mr. Perkins saß an seinem Schreibtisch und bereitete eine Beförderung vor, als er einen verstohlenen Schritt an der Tür seines Büros hörte.

Als er den Blick hob, bemerkte er, wie James Skerrett mit einem entschuldigenden Gesichtsausdruck die Tür öffnete. Nun war ein Kunde immer willkommen, denn Mr. Perkins war ein junger Mann und sein Geschäft war noch begrenzt. Aber der Besucher sah nicht wie ein Kunde aus.

„Was willst du, mein Mann?" fragte er ziemlich schroff.

"Bist du ein Anwalt?"

„Ja, möchtest du, dass ich dein Testament erstelle?" fragte Perkins lächelnd.

„Nun, nein, im Moment nicht. Ich gehe davon aus, dass ich noch etwas länger leben werde."

„Nur so. Dennoch ist das Leben ungewiss, und wenn Sie plötzlich sterben sollten, könnte Ihr Eigentum in die falschen Hände geraten."

„Das ist so, Squire; aber ich denke, ich habe es mit meinem Testament nicht eilig. Ich wollte Sie um Rat fragen."

„Genau. Ich bin bereit, es gegen eine Gegenleistung anzubieten."

„Oh, du bist ein Scharfsinniger!" sagte der Landstreicher. „Aber ich komme zum Punkt. Ich bin seit fünf Minuten die Straße entlang gelaufen, als ich ein gefaltetes Papier auf dem Bürgersteig sah. Ich habe es aufgehoben und werde es Ihnen zeigen, denn ich glaube, das ist die Partei Ich habe verloren, vielleicht bin ich bereit , mir etwas dafür zu bezahlen .

Enoch Perkins nahm das Papier von seinem seltsamen Kunden. Als er es auffaltete und las, wirkte er überrascht.

„Wo hast du das aufgeschnappt?" fragte er plötzlich.

„Etwas weiter die Straße runter."

„In der Nähe eines Hauses mit zwei Ulmen davor?"

„Ja", antwortete Skerrett eifrig.

„Ich glaube, ich kenne die Partei, die es verloren hat. Ich werde es übernehmen und es ihr zurückgeben."

„In Ordnung, Knappe; aber vielleicht gibt es eine Belohnung."

„Genau. Nun, du solltest etwas haben , um es aufzuheben. Hier ist ein Dollar."

„Vielen Dank, Sir", sagte Skerrett und nahm die Rechnung eifrig entgegen.

„Ich nehme an, Sie sind nur auf der Durchreise durch die Stadt?"

"Jawohl."

„Erwähnen Sie nicht, dass Sie das Papier gefunden haben. Es könnte die Dame verärgern, die es verloren hat."

„Ja, Sir; ich werde es mir merken, Sir."

Er verließ das Büro und der Anwalt sagte sich:

„Ich werde diesen Brief behalten. Er könnte für mich eine Zeit lang ein gutes Geschäft wert sein."

# KAPITEL V
# ABEL KOMMT IN PORTVILLE AN

DER Zug, der um vier Uhr Portville erreichte, war voll und ein halbes Dutzend Personen standen auf. Ein Sitzplatz wurde jedoch nicht besetzt. An einem Fenster saß ein sechzehnjähriger Junge – ein blasser Junge mit einem Gesicht, das weder gutaussehend noch liebenswürdig war. Auf dem Sitz neben ihm stand ein Koffer.

"Ist dieser Platz belegt?" fragte eine blasse, müde aussehende Frau, die vom anderen Ende des Autos aufgestiegen war.

„Ja", antwortete Abel schroff, denn dies war der Sohn von Mrs. Lane, der jetzt auf dem Weg zum Haus seiner Mutter war.

Die Frau seufzte, denn es ging ihr schlecht und sie war sehr müde.

Ein Mann, der direkt dahinter saß, sagte empört:

„Nein, Madam, es ist nicht vergeben. Nehmen Sie Ihren Koffer ab, Junge, und lassen Sie die Dame Platz nehmen."

„Ich erwarte, dass an der nächsten Station ein Freund einsteigt", sagte Abel verärgert.

„Das macht keinen Unterschied. Diese Dame ist hier und hat mehr Anspruch auf einen Sitzplatz als ein Passagier in der nächsten Stadt."

„Ich verstehe nicht, was dich das betrifft", sagte Abel gereizt.

Er machte kein Angebot, den Koffer zu entfernen.

"Dann zeige ich es dir."

Der Herr nahm Abels Tasche und stellte sie im Gang ab.

„Setzen Sie sich jetzt, meine Dame", sagte er.

„Vielen Dank, Sir, aber ich möchte den jungen Herrn nicht belästigen."

„Er hat kein Recht, sich unbequem zu fühlen. Nehmen Sie Platz. Es ist Ihr gutes Recht."

Mit einem Seufzer der Erleichterung ließ sie sich in den Sitz sinken.

Abel war sehr empört und sah sehr empört aus. Er war ein Junge, der es immer gewohnt war, auf seine eigene Bequemlichkeit und Bequemlichkeit zu achten, und es ärgerte ihn, dass er in diesem Fall gezwungen war, nachzugeben.

Die Frau hustete. Sie hatte offenbar eine schwere Erkältung. Abel hatte das Fenster geöffnet und ein starker Ostwind wehte herein. Es wäre selbst für einen vollkommen gesunden Menschen unangenehm gewesen, aber für jemanden, der hustet, war es sehr anstrengend.

„Würde es Ihnen etwas ausmachen, das Fenster herunterzulassen?" fragte sie schüchtern. "Ich habe eine schlimme Erkältung."

„Ich bevorzuge es offen", sagte Abel grob.

Der Passagier dahinter war sich dessen bewusst, was geschah.

„Madam", sagte er, „würden Sie mit mir die Plätze tauschen?"

Sie stand auf und nahm den Rücksitz ein, während der Herr neben Abel Platz nahm. Er war ein kräftiger Mann und füllte mehr als die Hälfte des Platzes aus. Abel sah angewidert aus.

„Jetzt, junger Mann, mach das Fenster zu!" sagte der stämmige Mann in befehlendem Ton.

Abel gehorchte, aber mit großer Abneigung. Er wagte es nicht, etwas anderes zu tun.

„Es ist sehr nah", grummelte er. „Ich mag ein bisschen Luft."

„Auf dieser Seite des Autos gibt es kein anderes offenes Fenster. Wenn die anderen es aushalten, können Sie es auch."

„Ich wünschte, die Leute würden sich um ihre eigenen Angelegenheiten kümmern", grummelte Abel verdrießlich.

„Schau her, junger Mann, wenn du mir noch mehr von deiner Unverschämtheit gibst , werde ich dir eine Tracht Prügel verpassen!" sagte der stämmige Mann streng.

Er schien seiner Drohung durchaus gewachsen zu sein, und Abel verfiel völlig eingeschüchtert in Schweigen.

Endlich erreichten sie Portville, und Abel nahm seinen Koffer und stieg aus dem Auto.

Er sah sich auf dem Bahnsteig um und dachte, er könnte seine Mutter sehen, aber sie war sich nicht ganz sicher, mit welchem Zug Abel kommen würde, und war nicht gekommen, um ihn abzuholen.

Abel blickte sich um und erspähte einen Jungen, der etwas jünger war als er. Es war John Holman.

„Junge", sagte er, „kannst du mir sagen, wo Mrs. Lane wohnt?"

„Die Witwe Lane?"

„Ja, sie ist Witwe.“

„Etwa eine halbe Meile entfernt. Sie gehen diese Straße hinauf und biegen zwei Mal ab.“

„Oh, Mist, warum ist sie mir nicht entgegengekommen? Wie kann ich den Weg finden?“

„Komm mit. Ich gehe diesen Weg.“

„In Ordnung! Willst du nicht auch meinen Koffer mitnehmen? Das ist ein guter Kerl. Ich zahle dir fünf Cent.“

„Ich werde es nehmen, um Ihnen einen Gefallen zu tun. Ich werde Ihnen nichts in Rechnung stellen.“

„Nimm lieber den Nickel. Du siehst aus wie ein armer Junge.“

„Ich brauche keine besonderen fünf Cent“, sagte John, unzufrieden mit dem herablassenden Ton seines neuen Begleiters.

Abel war jedoch zufrieden mit der Vorstellung, für die Dienstleistung nicht bezahlen zu müssen.

„Kennen Sie Mrs. Lane?“ fragte Abel.

„Ja. Gerald Lane ist mein enger Freund.“

„Gerald? Oh ja! Das ist Mr. Lanes Sohn. Was für ein Junge ist er?“

„Er ist ein Top-Junge. Jeder mag ihn.“

„Hmpf! Ist er nicht ziemlich unabhängig?“

„Warum sollte er das nicht sein? Seine Familie war eine der angesehensten im Dorf.“

„Ah, einfach so!“ sagte Abel selbstgefällig, denn er hatte das Gefühl, dass dies die Position seiner Mutter stärkte.

„Ich nehme an, Sie fragen sich, wer ich bin“, sagte Abel nach einer Pause.

„Ich nehme an, Sie sind ein Freund der Familie.“

„Das sollte ich sagen. Ich bin Mrs. Lanes Sohn.“

Das überraschte John, denn Gerald hatte es versäumt, ihm die Informationen zu erzählen, die er gerade erst selbst erhalten hatte.

„Ich habe Gerald noch nie von dir sprechen hören“, sagte er halb ungläubig.

„Gerald wusste nichts über mich.“

"Wie ist das?"

„Mutter und Mr. Lane hielten es für das Beste, es ihm nicht zu sagen.“

„Aber natürlich wird er es jetzt wissen.“

„Sicherlich. Ich werde hier leben.“

John äußerte sich nicht dazu, hielt es aber für einen seltsamen Zustand. Zu diesem Zeitpunkt hatten sie jedoch die Lane-Residenz erreicht, und John deutete darauf hin und gab Abel den Koffer.

Vom Fenster aus sah Mrs. Lane die Ankunft ihres Sohnes und öffnete ihm die Tür. „Oh, mein lieber Junge!“ rief sie und warf ihre Arme um seinen Hals. „ Du bist also endlich nach Hause gekommen!“

„Erstick mich nicht, Mutter“, sagte Abel ungeduldig. „Es sieht nicht gut aus, einen Kerl in der Öffentlichkeit zu umarmen.“

„Ich kann nicht anders, Abel. Ich freue mich so sehr, dich zu sehen. Komm einfach rein und setz dich. Bist du müde?“

„Eher. Ich sage, Mutter, du bist hier ziemlich gut fixiert.“

„Ja, Abel; dir gefällt das Haus, nicht wahr?“

„Ja, es ist viel besser als das alte, heruntergekommene Haus, in dem wir gewohnt haben, bevor Sie nach Portville kamen.“

„Still! Lass niemanden rein Ich habe gehört, dass Sie sich darauf beziehen.

„Wer ist da zu hören?“

„Der Diener könnte dich eines Tages belauschen. Außerdem ist da noch Gerald.“

"Wo ist er?"

„Irgendwo draußen. Er wird zum Abendessen zu Hause sein.“

„Hat er etwas von dem Eigentum bekommen?“

„Nein, Abel; es gehört alles mir.“

„Gut. Du hast deine Karten ziemlich gut ausgespielt.“

„Drücken Sie sich nicht so grob aus.“

„Aber es ist wahr. Ist es nicht ziemlich seltsam, dass der alte Lane seinen eigenen Sohn ausgeschlossen hat?“

„Nenn ihn nicht den alten Lane. Das hört sich nicht gut an.“

„Ich sage, Mutter, wie hoch ist das Vermögen?“

„Etwa fünfzigtausend Dollar, Abel."

„Nun, Mutter, du warst schlau. Ich nehme an, dass du die Hälfte davon auf mich abwälzen wirst."

„Es gibt keinen Anlass, darüber zu sprechen. Wenn ich sterbe , werde ich natürlich alles dir überlassen."

„Und nichts für Gerald?"

„Na ja, vielleicht ein wenig, nur der Erscheinung halber."

„Du brauchst ihm nicht mehr als hundert Dollar zu hinterlassen. Aber ich sage, Mutter, du wirst mir doch ein gutes Taschengeld geben, nicht wahr?"

„Ja, daran werde ich denken."

„Haben Sie ein schönes Zimmer für mich?"

„Komm rauf, ich zeige es dir."

Im zweiten Stock auf der Rückseite befanden sich zwei Räume – ein großer quadratischer Raum und ein Flurschlafzimmer daneben.

„Du wirst heute Nacht in dem kleinen Zimmer schlafen, Abel."

„Aber wer hat das große Zimmer?"

„Es ist von Gerald besetzt."

„Das ist nicht fair. Warum sollte ich es nicht haben?"

„Du wirst es nach einer Weile haben . Gerald hat es immer bewohnt, und er macht vielleicht viel Aufhebens."

„Angenommen, er tut es. Du hast doch keine Angst vor ihm, oder?"

„Was für eine Frage! Als ob ich Angst vor einem Jungen haben müsste, der völlig unter meiner Kontrolle steht."

„Ich hoffe, Sie geben mir morgen das Zimmer."

„Ich werde sehen, was getan werden kann."

„Ich habe darüber nachgedacht, was Mr. Lane sagen würde, wenn er mich hier sehen würde. Er wusste nicht, dass Sie einen Sohn haben, oder?"

„Nein, ich hielt es für das Beste, es ihm vorzuenthalten."

„Vielleicht hätte er mir etwas von seinem Geld hinterlassen, wenn du es ihm gesagt hättest."

„Er hat es mir hinterlassen, was auf dasselbe hinausläuft."

„Nicht ganz, es sei denn, du gibst mir gleich ein großes Stück davon. Hast du Gerald von mir erzählt?"

„Ich habe es ihm heute Morgen gesagt."

„Wie hat er es aufgenommen?"

„Er schien überrascht zu sein."

„Fand er es seltsam, dass er noch nie von mir gehört hatte?"

„Wahrscheinlich hat er das getan. Ich habe ihm gesagt, dass Mr. Lane von Ihnen wusste."

"Das ist in Ordnung."

In diesem Moment hörte Mrs. Lane, wie sich die Haustür öffnete.

„Das ist Gerald", sagte sie. „Komm runter, ich stelle dich vor."

# KAPITEL VI
# DER SOHN UND ERBE

GERALD blickte auf, als seine Stiefmutter erschien, gefolgt von Abel. Er verstand natürlich, dass dies der Sohn war, von dem Mrs. Lane gesprochen hatte.

„Gerald", sagte seine Stiefmutter, „das ist mein Sohn Abel."

„Ich freue mich, dich zu sehen, Abel", sagte Gerald höflich und streckte seine Hand aus.

Abel schien sich nicht sicher zu sein, ob er es annehmen sollte oder nicht, hielt aber schließlich sein eigenes hin. Er musterte Gerald missbilligend. Mit einem Gefühl des Neides musste er feststellen, dass Gerald ihm an Vornehmheit und persönlicher Erscheinung überlegen war.

„Waren Sie schon einmal in Portville?" fragte Gerald.

„Nein", war Abels kurze Antwort.

„Ich gehe gerne mit Ihnen umher, wann immer Sie wollen, und zeige Ihnen das Dorf."

„Abel ist heute zu müde", sagte Mrs. Lane in ihrem üblichen kalten Tonfall.

„Nein", sagte Abel unerwartet; „Ich werde mit dir gehen."

„Ich bin in einer halben Stunde zurück", sagte Mrs. Lane. „Wir werden heute Abend früh zu Abend essen."

„In Ordnung", sagte Gerald.

„Ich glaube, du warst im Internat", sagte Gerald, als sie das Haus verließen.

„Ja, es ist ein scheußlicher Ort."

„In der Tat? Ich war noch nie in einer solchen Schule und verstehe nicht, wie sie ist. Was waren Ihre Einwände dagegen?"

„Die Lebensbedingungen waren sehr arm."

„Hast du viel gelernt? Hattest du gute Lehrer?"

„Oh, ich lege nicht viel Wert aufs Lernen. Für arme Jungs ist das ja schön und gut. Aber ich muss meinen Lebensunterhalt nicht verdienen – Mutter wird für mich sorgen."

Gerald zuckte zusammen. Er verstand sehr gut, dass das Geld, auf das Abel angewiesen war, sein eigenes war oder sein sollte.

„Ich nehme an, du hattest Sport?"

„Ja, die Jungs haben Baseball und andere Dinge gespielt."

"Magst du Baseball?"

„Nicht viel. Ich wollte Kapitän des Vereins werden, aber die Jungs ließen mich nicht."

„Ich hoffe, dass Ihnen Portville gefällt. Wir haben hier eine Akademie. Vielleicht nehmen Sie daran teil."

„Noch nicht. Ich habe das Lernen satt."

„Magst du Bootfahren?"

„Ja, hast du einen Teich?"

„Ja, und ich habe einen Dory. Wenn du möchtest, gehe ich am Montag mit dir aus."

„Du hast einen Dory? Hat meine Mutter ihn dir gegeben?"

„Nein, es wurde mir von meinem Vater geschenkt."

„Ich werde meine Mutter bitten, mir ein Segelboot zu schenken."

„Ich hätte selbst gerne eins", sagte Gerald.

„Ich glaube nicht, dass sie dir eins geben wird, aber ich werde dich manchmal mit mir ausgehen lassen", sagte Abel in einem herablassenden Ton, der Gerald nicht gefiel.

„Wie haben Sie den Weg zum Haus gefunden? Natürlich wussten Sie nicht, wo es war, da Sie noch nie in der Stadt waren."

„Ein armer Junge hat mich begleitet und meinen Koffer getragen. Ich wundere mich, dass meine Mutter dich nicht zu mir geschickt hat."

„Ich wäre gerne gegangen", sagte Gerald höflich.

„Gehst du zur Schule oder arbeitest du?"

„Ich habe die Schule besucht."

"Was haben Sie studiert?"

„Latein und Französisch, neben Anglistik."

Abel war überrascht. Er war ein ganz gewöhnlicher Gelehrter und hatte nie eine andere Sprache außer seiner eigenen gelernt.

„Ich glaube nicht, dass solche Studien einem Jungen, der für seinen Lebensunterhalt arbeiten muss, etwas nützen würden.“

„Dann nehme ich an, dass Sie sie nicht studiert haben?“

"NEIN."

„Mein Vater wollte, dass ich aufs College gehe.“

„Aber du gehst jetzt nicht?“

„Ich denke nicht“, sagte Gerald knapp.

Hier stießen sie auf zwei Jungen, die im Wettstreit miteinander sprangen.

Der eine war John Holman, der andere Munroe Hill.

„Jungs“, sagte Gerald, „das ist Abel Tyler, der Sohn von Mrs. Lane.“

„Freut mich, Sie zu sehen“, sagte Munroe.

„Ich glaube, wir sind uns schon einmal begegnet“, sagte John lächelnd.

„Ja, du hast meinen Koffer für mich mit nach Hause genommen.“

„Wirst du springen, Gerald?“ fragte Munroe.

„Wenn du versprichst, mich nicht zu übertrumpfen“, sagte Gerald.

„Ich werde es versuchen“, sagte Munroe. "Wirst du beitreten?"

Diese Frage war an Abel gerichtet.

„Ja“, antwortete Abel.

Er hatte für seine Größe ungewöhnlich lange Beine und dachte, er könnte die anderen übertreffen. Es wurden Vorkehrungen getroffen und John Holman machte sich auf den Weg. Er sprang im Stehen sieben Fuß weit. Abel folgte ihm und unterbot seinen Abstand um sieben Zentimeter.

"Wie ist das?" fragte er selbstgefällig.

„Sehr fair“, sagte Gerald. „Jetzt werde ich es versuchen.“

Sein Sprung betrug sieben Fuß vier Zoll. Abel runzelte die Stirn und sah unzufrieden aus, und er war noch unzufriedener, als Munroe einen Sprung von zwei Metern machte.

„Ihr Jungs seid frisch“, sagte er. „Ich bin müde. Ich bin sieben Fuß neun Zoll gesprungen, als ich in guter Verfassung war.“

Keiner der drei Jungen glaubte ihm, aber Munroe sagte höflich:

eines Tages noch einmal versuchen , wenn Sie sich selbst gerecht werden können. Keiner von uns kann so weit springen.“

„Wirst du einige Zeit in Portville bleiben?" er hat gefragt.

„Ja, ich denke schon. Meine Mutter sagt, dass sie einige Zeit brauchen wird, um den Nachlass zu regeln."

Gerald blickte ernst, als er sich daran erinnerte, dass es das Anwesen seines Vaters war und dass der Tod seines Vaters seine Position und seine Aussichten wahrscheinlich stark verändern würde.

„Sobald das Anwesen besiedelt ist, können Mutter und ich nach Europa gehen", fuhr Abel selbstgefällig fort.

Keiner der Jungen machte einen Kommentar und sie trennten sich bald.

„Wer ist dieser Munroe Hill?" fragte Abel, als er mit Gerald allein gelassen wurde.

„Sein Vater ist Anwalt."

„Geht es ihm gut?"

„Das vermute ich. Er wohnt in einem schönen Haus."

„Und John Holman?"

„Er arbeitet in einem Schuhgeschäft. Sein Vater ist tot und er muss helfen, die Familie zu ernähren."

„Ich dachte, er wäre arm. Ist dir aufgefallen, dass seine Hose geflickt war?"

„Ja", sagte Gerald ernst; „Der arme Kerl hat nicht viel Geld, das er für Kleidung ausgeben kann."

„Ist er ein Freund von dir?"

„Ja", antwortete Gerald herzlich; „Er ist ein toller Kerl."

„Hmpf! Ich habe keine Lust, mit ihm Umgang zu haben. Mutter mag es, wenn ich etwas Besonderes bin."

„Glauben Sie, dass es ihm wegen seiner schlechten Kleidung noch schlechter geht?"

„ Natürlich ist er kein Gentleman."

„Sie und ich haben eine unterschiedliche Vorstellung davon, was einen Gentleman ausmacht."

Damals hatte Abel sich nicht viel besser kleiden können als John Holman; Da Gerald dies jedoch nicht wusste, gab er sich als jemand aus, der „im Purpur geboren" wurde.

„Ich werde versuchen, Munroe besser kennenzulernen", fuhr Abel fort. „Er scheint ein Gentleman zu sein."

„Jeder mag ihn; aber er ist auch ein Freund von John Holman."

„Mir scheint, dass die Gesellschaft hier eher gemischt ist."

„Wir beurteilen einander nicht nach Kleidung oder einem guten Bankkonto", sagte Gerald mannhaft.

„Das tue ich. Ich bevorzuge den Umgang mit Menschen, die in meiner sozialen Stellung sind."

„Abel scheint ein Snob zu sein", dachte Gerald. „Ich bin mir sicher, dass ich ihn nicht mögen werde ."

Auf ihrem Weg durch das Dorf kamen sie an einer Drogerie vorbei.

„Ich nehme an, in einer Stadt wie dieser gibt es kein Sodawasser", sagte Abel mit einem ruhigen Lächeln.

„Ja, wir können welche in der Drogerie bekommen. Wenn Sie vorbeikommen, biete ich Ihnen gerne welche an."

„Es macht mir nichts aus", antwortete Abel, der selten ein Leckerli ablehnte.

Sie betraten den Laden und wurden schnell beliefert. Gerald zog einen Dollarschein aus seiner Westentasche und bezahlte die Rechnung.

„Ich frage mich, wie viel Geld er mit sich herumträgt?" dachte Abel. „Ich muss Mutter fragen."

„Jetzt gehen wir wohl nach Hause. Ich fühle mich müde nach meiner Reise."

"Sehr gut."

"Wo bist du hingegangen?" fragte Frau Lane, als sie das Haus wieder betraten.

„Ich habe Abel durch das Dorf geführt, Mrs. Lane."

„Und was hältst du davon, Abel?" fragte seine Mutter.

„Oh, das geht schon; aber ich lebe lieber in der Stadt."

„Die Stadt wäre für einen jungen Menschen natürlich attraktiver. Hoffentlich ist sie dir lieber als Fulton?"

„Ja, ich hoffe, ich werde nie wieder dorthin zurückkehren. Ich hasse das Internat."

„Ich hoffe, Sie hassen das Lernen nicht. In Ihrem Alter kann man kaum eine ausreichende Ausbildung haben. Hier gibt es eine gute Akademie. Ich würde Sie gerne im nächsten Semester dabei haben."

„Vielleicht werde ich das tun", sagte Abel vage; „Aber ich möchte mich eine Weile ausruhen."

Raum verließ, sagte er:

„Gerald hat mir etwas Sodawasser spendiert."

"Hat er?"

„Ja, und er hat einen Dollarschein herausgeholt, um dafür zu bezahlen. Gestatten Sie ihm viel Geld?"

„Nein, er wird nicht so viel haben wie du."

„Das hoffe ich nicht. Er ist nur dein Stiefsohn."

„Dessen bin ich mir durchaus bewusst, und er auch."

„Besuch er die Akademie?"

„Das hat er getan; aber ich habe beschlossen, ihn zurückzuziehen und ihn arbeiten zu lassen."

„Wo? In einem Schuhgeschäft?"

„Nein. Mr. Tubbs, ein Lebensmittelhändler im Dorf, hat zugestimmt, ihn mitzunehmen."

„Das ist eine gute Vereinbarung. Er hat kein Geld und sollte für seinen Lebensunterhalt arbeiten, so wie der Holman-Junge, den ich getroffen habe."

„Haben Sie John Holman getroffen?"

„Ja. Wer ist er?"

Montag nicht die Monatsmiete zahlt, werde ich sie rausschmeißen."

„Das stimmt, Mutter. Geschäft ist Geschäft. Ich wünschte, ich würde heute Nacht in diesem großen Zimmer schlafen."

„Du wirst morgen hineingehen."

„Ich gehe davon aus, dass Gerald viel Aufhebens machen wird", kicherte Abel.

„Kein Zweifel, das wird er."

„Aber du wirst ihm nicht nachgeben, nicht wahr, Mutter? Du wirst nicht vergessen, dass ich von allem das Beste haben soll?"

„Ja, mein Liebling; ich werde dafür sorgen, dass du gut versorgt bist",
sagte Mrs. Lane liebevoll.

---

# Kapitel VII
# Ein Plebejer-Verwandter

AM Sonntag besuchte die Familie die Kirche. Viele neugierige Blicke waren auf die Bank der Lane gerichtet, und man war sich allgemein darüber im Klaren, wer der neue Junge war. Abel ließ sich von dieser Prüfung überhaupt nicht beunruhigen, sondern hob den Kopf und nahm eine wichtige Miene an.

„Wer ist dieser neue Junge, Gerald?" fragte Harry Lovell.

„Es ist Abel Tyler – Mrs. Lanes Sohn."

„Ich wusste nie, dass sie einen Sohn hat."

„Das habe ich bis vor Kurzem auch nicht getan."

„Wird er hier leben?"

"Das nehme ich an."

„Ich glaube nicht, dass ich ihn mögen werde."

"Warum nicht?" fragte Gerald.

„Er sieht unangenehm aus. Magst du ihn?"

„Ich habe mich noch nicht entschieden. Er ist erst gestern gekommen. Wir müssen ihm eine Chance geben."

Gegen Abend sagte Frau Lane:

„Gerald, ich werde dich in das kleine Zimmer verlegen und Abel dein jetziges Zimmer geben."

Gerald war normalerweise gut gelaunt, aber seine Augen blitzten vor Empörung.

„Warum ist das so, Mrs. Lane?" er forderte an.

„Ich erkenne Ihr Recht nicht an, meine Arrangements in Frage zu stellen oder zu kritisieren ", sagte seine Stiefmutter kalt.

„Mrs. Lane, dieses Zimmer gehörte schon immer mir. Mein Vater schenkte es mir, als ich acht Jahre alt war, und seitdem lebe ich darin. Abel ist ein Fremder im Haus. Warum sollte ihm mein Zimmer gegeben werden?"
"

„Als dein Vater noch lebte, hat er die Vorkehrungen getroffen, die er für dich gewählt hat. Er ist tot, und seine Autorität ist auf mich übergegangen."

„In dieser Veränderung liegt keine Gerechtigkeit", sagte Gerald verbittert, denn er hing an seiner Kammer und viele Assoziationen machten sie ihm sympathisch.

„Ich möchte nichts mehr zu diesem Thema hören", sagte Frau Lane entschieden. „Ich habe die Änderung aus guten und ausreichenden Gründen vorgenommen und nichts, was Sie sagen können, wird meinen Plan ändern."

„Das stimmt, Ma", warf Abel ein. „ Natürlich liegt es an Ihnen, das zu sagen. Ich würde keine Unverschämtheit ertragen."

„Das werde ich auch nicht", erwiderte Gerald, und er sah so grimmig und entschlossen aus, dass Abel aus Angst vor einem Angriff zurückschreckte.

„Genug davon", sagte Mrs. Lane kalt. „Gerald, du wirst feststellen, dass dein Koffer und deine Kleidung in den kleinen Raum getragen wurden. Du wirst dich mit der Zeit daran gewöhnen."

„Wenn diese Ungerechtigkeit anhält", sagte Gerald zu sich selbst, „entscheide ich mich vielleicht, meine alte Heimat zu verlassen und mich selbstständig zu machen."

Er beschloss jedoch, nicht voreilig zu handeln, sondern sich zunächst an die neuen Regelungen zu gewöhnen. Es war schwer, Abels triumphierenden Blick zu ertragen, als er den größeren Raum betrat, der so lange ihm gehört hatte.

In der folgenden Woche ging Gerald nicht zur Schule. Wenn, wie es wahrscheinlich schien, eine lange Saison harter Arbeit vor ihm lag, würde er vorläufig Urlaub nehmen. Einen großen Teil seiner Zeit verbrachte er auf seinem Dory, da er das Wasser sehr liebte und ein geschickter Ruderer war. Zwei- oder dreimal begleitete ihn Abel und zeigte den Ehrgeiz, die Ruder zu benutzen; Aber da er nicht an das Rudern gewöhnt war, brachte er eines Tages das Boot um und wäre möglicherweise ertrunken, wenn Gerald nicht rechtzeitig Hilfe geleistet hätte. Das schien ihn vor dem Wasser zu ekeln, und er gab den Gedanken auf, seine Mutter um ein Segelboot zu bitten. Gerald war es nicht leid, seine Firma zu verlieren, zumal sein Platz häufig von John Holman eingenommen wurde, der nun wieder im Schuhgeschäft tätig war, aber nur zur Halbzeit arbeitete.

Eines Nachmittags, nachdem er das Boot verlassen hatte, war Gerald auf dem Heimweg, als er von einem Fremden angesprochen wurde – einem kräftigen, muskulösen Mann, grob gekleidet, der wie ein arbeitender Mann aussah.

„Kennen Sie sich hier aus, junger Mann?" er hat gefragt.

"Jawohl."

„Ich habe hier irgendwo eine Schwester, aber da ich noch nie in Portville war, weiß ich nicht, wo ich sie finden kann."

„Vielleicht kann ich dir Anweisungen geben", sagte Gerald höflich. "Was ist ihr Name?"

„Ihr erster Ehemann war ein Tyler, aber ich habe gehört, dass sie in dieser Stadt einen reichen Mann geheiratet hat – sein Name war Lane, wie ich hörte."

Gerald war erstaunt. War es möglich, dass dieser grob aussehende Mann der Bruder seiner Stiefmutter und der Onkel von Abel war? Es muss so sein, denn Abels Nachname war, wie er sich erinnerte, Tyler.

„Für weitere Informationen sind Sie bei uns an der richtigen Adresse", sagte er. „Deine Schwester hat meinen Vater geheiratet."

„Das sagst du nicht! Nun, das übertrifft alles. Stimmt es, dass meine Schwester wieder eine Widderin ist?"

„Ja, mein Vater ist tot", sagte Gerald ernst.

„Und hat er Melindy gut versorgt zurückgelassen?" fragte der Fremde vage.

"Ja."

Gerald hatte keine Lust, auf Einzelheiten einzugehen. Er empfand die Ungerechtigkeit des Willens seines Vaters zu sehr, um vor einem Fremden über seine Bestimmungen zu sprechen.

„Nun, ich bin froh , dass ich das nicht getan habe . Melindys erster Ehemann war ein sachloser Mann, und ich bin davon überzeugt, dass er ihr keine hundert Dollar hinterlassen hat. Er war schlau und außerdem hat er getrunken ."

Das war also der Mann, den Abel als Vater betrachten musste. Gerald war froh darüber, dass sein Vater ein Mann war, für den er sich nicht schämen musste.

„Haben Sie Ihre Schwester seit – seit ihrer letzten Ehe gesehen?" fragte er mit einiger Neugier.

arbeitenden Mann zu bemerken. Sie sehen, ich gehöre nicht zu Ihren „ Ristokraten. " „Ich bin nur Schmied und muss hart arbeiten, um meinen Lebensunterhalt zu verdienen."

„Dadurch geht es Ihnen nicht schlechter, Herr –" Hier zögerte Gerald, denn er hatte den Namen seines neuen Bekannten noch nicht erfahren.

„Crane – Alonzo Crane – das ist mein Name, junger Mann. Ich bin froh, dass Sie sich nicht aufspielen, auch wenn Ihr Vater ein reicher Mann war. Wissen Sie etwas über den Sohn meiner Schwester, Abel?“

„Ja, Sir; er ist in Portville und lebt bei seiner Mutter.“

„Wie gefällt er dir?“ Dann, als er sah, dass Gerald zögerte, fügte er hinzu: „Es macht dir nichts aus, es mir zu sagen, denn ich selbst halte nicht viel von dem Jungen, auch wenn er mein Neffe ist.“

„Ich mag ihn nicht besonders, Mr. Crane.“

„Ich kenne niemanden, der das tut, außer seiner Mutter. Er und Melindy – das ist seine Mutter – haben ziemlich schwere Zeiten erlebt. Mehr als einmal hat seine Mutter ihn zu mir geschickt, um ein wenig Hilfe zu holen, als sie keine hatten Penny im Haus.

Für Gerald war das natürlich eine Neuigkeit, aber es war nicht unbedingt ein Vorurteil gegenüber seiner Stiefmutter und ihrem Sohn, aber es machte ihre derzeitigen Anmaßungen und Allüren eher lächerlich.

„Warum hast du deine Schwester nicht schon früher besucht?“ er hat gefragt.

„Weil sie mich nie eingeladen hat und ich dachte, sie möchte nicht, dass ihr neuer Mann mich sieht.“

„Mein Vater hätte Sie freundlich empfangen, Mr. Crane.“

„Ich bin mir sicher, dass er es tun würde, wenn du so wärst wie er. Du bist nicht mit mir verwandt, aber ich mag dich jetzt schon lieber als Abel.“

„Danke, Herr Crane.“

„Das musst du nicht tun. Das ist es nicht.“ Ich sage viel, denn Abel ist meiner Meinung nach ein unangenehmer Junge.

Gerald begann zu glauben, dass Mr. Crane trotz seiner Beziehung zu Mrs. Lane und Abel ein Mann von ausgezeichnetem Verstand war.

„Ich frage mich, wie er willkommen sein wird“, dachte er.

Er hatte erhebliche Zweifel, ob es sehr herzlich sein würde.

Zu diesem Zeitpunkt hatten sie einen Punkt auf der Straße erreicht, von dem aus das Lane-Herrenhaus sichtbar war.

„Dort wohnt deine Schwester“, sagte er und zeigte darauf.

„Das sagst du nicht! Nun, es ist ein schöner Ort. Melindy hat ihr Nest ziemlich gut befiedert.“

„Das stimmt", sagte Gerald zu sich selbst.

„Es ist ein Glück, dass ich dich getroffen habe, junger Mann. Du hast mir deinen Namen nicht gesagt."

„Gerald – ich bin Gerald Lane."

„Ich wünschte, du wärst mein Neffe und nicht Abel. Wie lange ist Abel schon hier?"

„Erst seit dem Tod meines Vaters."

„ Melindy war schlau. Sie hat deinem Vater wohl nie erzählt, dass sie einen Sohn hat."

„Sie sagte, er wisse es; aber von Abel habe ich bis vor ein paar Tagen noch nie gehört."

„Wahrscheinlich hat sie es ihm nicht gesagt. Natürlich würde sie es dir nicht zugestehen."

„Wohnen Sie weit weg, Mr. Crane?"

„Ich lebe in der Stadt Gladwin, fast sechzig Meilen von hier entfernt. Ich bin fünfzig Jahre alt, aber ich war noch nie so weit weg von zu Hause. Ich hätte jetzt nicht kommen sollen, aber ich hatte Pech. Mein Laden." ist letzte Woche abgebrannt, und es gibt keine Versicherung dafür. Ich denke, Melindy ist reich und jetzt ist genau der richtige Zeitpunkt, an dem ich Hilfe brauche. Meinst du nicht, dass sie mir helfen sollte?"

"Ja."

„Ich bin ihr einziger Bruder, und wir sind sowieso nur zu zweit. Ich habe eine Frau und zwei Kinder zu Hause, und sie werden gekniffen, wenn ich nicht irgendwo Hilfe bekomme. Ich habe schon oft geholfen . " Melindy und Abel.

„Dann haben Sie sicherlich einen Anspruch auf Mrs. Lane."

Sie bogen in den Hof ein und Gerald wollte gerade seinen neuen Bekannten ins Haus führen, als Abel an der Tür erschien.

„Wen bringst du ins Haus, Gerald?" forderte Abel scharf.

„Kennst du mich nicht, Abe?" fragte Alonzo Crane mit einem einschmeichelnden Lächeln.

„Wie soll ich?" fragte Abel; aber sein Gesicht veränderte sich, denn er erkannte seinen plebejischen Verwandten.

„Das ist dein Onkel", sagte Gerald ernst. "Ist deine Mutter zuhause?"

# KAPITEL VIII
## Ein kalter Empfang

„ Das glaube ICH NICHT ", SAGTE ABEL UND ERRÖTETE VOR BESCHÄMUNG.

In diesem Moment war Mrs. Lanes Stimme vom Treppenabsatz zu hören.

„Mit wem redest du, Abel?"

„Ich bin es, Melindy – dein Bruder Alonzo", sagte Mr. Crane.

Mrs. Lane stieg langsam die Treppe hinunter und sah sehr genervt aus. Sie schämte sich für ihren bürgerlichen Bruder und war sehr beunruhigt darüber, dass Gerald ihn gesehen hatte. Es kam ihr in den Sinn, die Beziehung zu leugnen, aber das schien undurchführbar. Also sagte sie mit böser Anmut und reichte ihr nicht einmal die Hand:

„Was hat dich hierher geführt, Alonzo?"

„Ich schätze, die Autos haben mich hierher gebracht, Melindy . Es tut mir gut, dich gut repariert zu sehen. Du hast dein Nest gut ausgestattet, muss ich sagen."

Mrs. Lane biss sich auf die Lippen.

„Sie können reinkommen und sich setzen", sagte sie. „Ich würde mich freuen, wenn Sie mehr wie ein Gentleman sprechen würden."

„Aber ich bin kein Gentleman, Melindy . Ich bin ein ehrlicher, hart arbeitender Schmied. Carrie und die Kinder grüßen Sie herzlich."

„Ich bin ihnen zu Dank verpflichtet", sagte Mrs. Lane steif. „Ich frage mich, ob Sie für einen Besuch Ihrer Arbeit entfliehen könnten."

„Nun, die Wahrheit ist, Melindy , ich habe Pech. Mein Laden ist vorgestern abgebrannt und ich brauche Geld, um ihn wieder aufzubauen."

„War es nicht versichert?" fragte seine Schwester kalt.

„Die Versicherung ist vor einem Monat ausgelaufen. Da habe ich natürlich an meine einzige Schwester gedacht, die eine reiche Frau ist, und bin gekommen, um einen Kredit von zweihundert Dollar zu beantragen. Ich rechne damit, dass das mich wieder auf die Beine bringen wird." "

„Der Nachlass ist noch nicht beglichen, und selbst wenn es so wäre , würde ich mich nicht frei fühlen, Mr. Lanes Geld für einen solchen Zweck zu nehmen."

„Ich schätze, du wirst es für dich und Abel ausgeben, Melindy ."

„Mein Mann hat einen Sohn hinterlassen.“

„Das weiß ich, und er ist auch ein Gentleman“, sagte Mr. Crane mit einem freundlichen Blick auf Gerald. „Wenn er Geld hätte , würde er mir sicher helfen.“

„Ja, Mr. Crane, das würde ich“, sagte Gerald.

„Wir werden diese Angelegenheit jetzt nicht besprechen, Alonzo. Da du hier bist, kannst du für den Rest des Tages bleiben.“

„Ich muss bis morgen bleiben, da es bis dahin keinen Zug von Portville gibt. Ich hoffe, Sie werden die Hilfe, die ich Ihnen und Abel geleistet habe, nicht vergessen, als Sie zum ersten Mal allein gelassen wurden . “

„Es ist nicht sehr schick, mich mit irgendwelchen kleinen Gefälligkeiten zu ärgern, die ich in der Vergangenheit vielleicht von Ihnen angenommen habe“, sagte Mrs. Lane. „Wenn du willst, dass ich dich freundlich empfange, musst du dich anders verhalten und anders reden.“

Als Mr. Crane ins Haus ging und seinem nicht allzu herzlichen Verwandten folgte, ging Gerald davon. Er hatte das Gefühl, dass er im Familienkonklave keinen Platz hatte, und bedauerte nur, dass es für seinen neuen Bekannten wahrscheinlich nicht sehr zufriedenstellend sein würde.

Er ging weg und da er nichts anderes hatte, womit er seine Zeit verbringen konnte, ging er zum See und stieg in sein Ruderboot. Er ruderte eine halbe Stunde lang träge umher, als er eine Stimme vom Ufer hörte.

Als er aufblickte, sah er Alonzo Crane am Teichrand stehen.

„Hallo, Gerald!“ Er rief: „Willst du mich nicht in deinem Boot mitnehmen?“

„Sicher, Mr. Crane“, und er ruderte zu einem kleinen Pier in der Nähe seines neuen Bekannten.

Alonzo Crane stieg ins Boot und nahm am Heck Platz.

„Das ist eine nette Dory von dir“, sagte er. „Ich mochte schon immer ein Ruderboot, aber ich war in meinem Geschäft zu beschäftigt, um eines zu benutzen. Ich glaube nicht, dass ich seit fünf Jahren in einem Boot gesessen habe. Hat meine Schwester es dir geschenkt?“

„Nein“, antwortete Gerald hastig; „Es war ein Geschenk meines Vaters.“

„Ich nehme an, nach dem, was Melindy sagt, hat er dir den größten Teil seines Eigentums hinterlassen?“

„Das sagt sie mir nicht. Sie sagt, es gehöre alles ihr und ich sei völlig von ihr abhängig.“

„Puh! Nun, das übertrifft alles. War dein Vater nicht freundlich zu dir?"

„Für mich war er immer der beste Vater, und deshalb wundere ich mich darüber, dass er mich von Mrs. Lane abhängig gemacht hat."

Alonzo Crane sah nachdenklich aus.

„Du ahnst nichts?" sagte er fragend.

„Was soll ich vermuten?" fragte Gerald.

„Nun", sagte Alonzo langsam, „ Melindy war immer knifflig. Sie war immer darauf bedacht, an Geld zu kommen , und ich glaube nicht, dass sie übermäßig gewissenhaft sein würde. Es könnte aber auch so etwas geben, wie ein Testament zu fälschen ." Ich weiß nicht, wie ich das sagen sollte, wenn man bedenkt , dass Melindy meine Schwester ist.

„Auf jeden Fall vielen Dank, dass Sie es vorgeschlagen haben, Mr. Crane. Es könnte die Zeit kommen, in der ich mich mit der Angelegenheit befassen werde. Zur Zeit bin ich nur ein Junge –"

„Und ein Junge ist einer Frau wie Melindy nicht gewachsen . Oh, sie ist schlau! Was meinst du, hat sie gesagt, um mich davon abzuhalten, mir Geld zu leihen? "

„Das kann ich nicht erraten."

„Sie sagte, dass sie für dich sorgen muss."

Gerald lächelte bitter.

„Weil es ihrem Zweck dienen würde", antwortete er. „Sie hat Abel meinen Platz im Haus gegeben. Sie hat mir das große Zimmer, das ich seit Jahren bewohne, weggenommen – es Abel gegeben – und mich in einem kleinen angrenzenden Flurschlafzimmer untergebracht."

„Das ist schade! Abel ist ein gemeiner, eingebildeter kleiner Emporkömmling, der mich nicht halbwegs anständig behandelt, obwohl er ohne die Hilfe, die ich seiner Mutter gegeben habe, mehr als einmal auf eine Mahlzeit verzichtet hätte."

„Hat sich Mrs. Lane geweigert, Ihnen Geld für den Wiederaufbau Ihres Ladens zu leihen?"

„Ja, sie wird nicht daran denken. Sie sagt, ich muss nachlässig gewesen sein, sonst wäre das Feuer nicht passiert. Es hat nicht viel gebracht, nach Portville zu kommen. Das einzige Vergnügen, das ich daran habe." trifft dich."

„Vielen Dank, Mr. Crane. Ich wünschte, Ihre Schwester wäre mehr wie Sie."

„Ich bin ein rauer Mann, Gerald. Ich habe nicht viel Eleganz an mir, aber niemand kann mir vorwerfen, gemein und undankbar zu sein. Ich hoffe, dass du mich irgendwann einmal besuchen kommst.“

„Vielen Dank, Mr. Crane. Es kann eines Tages passieren. Gibt es in Ihrer Stadt niemanden, der Ihnen Geld für den Wiederaufbau Ihres Ladens leiht?“

„Nein, es gibt nicht viel Geld in Hillsdale. Es ist nur eine gewöhnliche Landstadt, und die Leute sind größtenteils Bauern. Ich weiß nicht, was ich tun soll.“ Und ein Ausdruck der Traurigkeit breitete sich auf seinem rauen Gesicht aus.

„Es geht Ihnen nicht schlechter als mir, Mr. Crane. Ich habe einen nachsichtigen Vater verloren und bin von einer Frau abhängig, die ich weder mögen noch respektieren kann.“

„Es scheint schwer zu sein.“

„Aber ich bin zuversichtlich, dass sich die Dinge irgendwann zum Guten wenden werden.“

Gerald sprach ernst und ruhig. Er wurde dazu erzogen, auf Gott zu vertrauen und an seine Güte zu glauben. Seine Worte schienen, so jung er war, eine aufmunternde Wirkung auf Mr. Crane zu haben.

„Du hast recht, Gerald“, sagte er, „und ich werde versuchen zu glauben, dass alles gut läuft , auch wenn ich nicht weiß, wie.“

„Warum haben Sie das Haus so schnell verlassen, Mr. Crane? Ich dachte, Sie würden ein langes Gespräch mit Ihrer Schwester und Abel führen.“

„Das dachte ich auch, aber Melindy schien sich nicht besonders nach meiner Gesellschaft zu sehnen. Ungefähr fünfzehn Minuten nachdem du gegangen warst, sagte sie: ‚Ich muss dich verlassen, da ich einen Auftrag im Dorf habe. Vielleicht Abel.‘ wird bei dir bleiben?‘“

„‚Nein, das kann ich nicht‘, sagte Abel. ‚Ich werde mit einigen der Jungs Ball spielen.‘“

Gerald lächelte.

„Keiner der Jungs hat Abel zum Ballspielen eingeladen. Sie mögen ihn nicht.“

„Nun, das macht keinen Unterschied. Er wäre mir keine Gesellschaft gewesen. Es ist seltsam, dass du mir viel näher stehst als meine eigenen Verwandten.“

„Darüber bin ich sehr froh. Ich wünschte, ich wäre in der Lage, Ihnen zu helfen.“

„Vielleicht wirst du es eines Tages sein. Wenn irgendetwas an dem Testament deines Vaters falsch ist, wird es irgendwann ans Licht kommen. Nun, als Melindy und Abel mich verlassen hatten, dachte ich, ich würde rausgehen und einen Spaziergang machen. Ich Ich bin zum See hinuntergeirrt und habe dich rudern gesehen. Ich habe den Mut gewagt, dich zu rufen. Würde es dir etwas ausmachen, wenn ich die Ruder probiere, um zu sehen, ob ich vergessen habe, wie man rudert?“

„Nimm sie und heiße sie willkommen.“

Mr. Crane übernahm die Ruder, und obwohl er zunächst unbeholfen war, zeigte er bald, dass er seine alten Fähigkeiten nicht ganz vergessen hatte.

„Nun, ich kann ein bisschen rudern“, sagte er selbstgefällig.

„Ja, Mr. Crane, Sie können besser rudern als Abel. Er ist vor ein oder zwei Tagen mit mir ausgegangen und hat das Boot durcheinander gebracht.“

„Ist er herausgefallen?“ fragte Mr. Crane lachend.

„Ja; und da er nicht schwimmen kann, wäre er vielleicht ertrunken, wenn ich ihn nicht ergriffen hätte.“

„Hat er dir dafür gedankt, dass du ihm das Leben gerettet hast?“

"NEIN."

„Und das wird er auch nie tun. Es liegt nicht in seiner Natur.“

„Im Gegenteil, er hat versucht zu verstehen, dass ich das Boot durch die Bewegung darin umgekippt habe. Das hat er seiner Mutter gesagt, sie solle sich für seine nassen Klamotten verantwortlich machen.“

„Genau wie er. Ich schäme mich, so einen Neffen zu haben. Es hätte ihm gut getan, wenn du ihn seinem Schicksal überlassen hättest.“

„Das hätten Sie bestimmt nicht geraten, Mr. Crane.“

„Nein, ich weiß es nicht, obwohl es mich wütend macht, einen so gemeinen und undankbaren Jungen zu sehen.“

Eine halbe Stunde lang blieben sie im Boot und unterhielten sich über verschiedene Themen. Alonzo Crane hat die Reise offensichtlich genossen.

„Ich bin froh, dass ich doch nach Portville gekommen bin“, sagte er.

Doch es kam zu einer plötzlichen und überraschenden Unterbrechung. Von einem großen Haus, dreißig Meter vom See entfernt, wurde eine Flammendecke sichtbar. Gerald sah es zuerst.

„Mr. Nugents Haus brennt!“ er rief aus. „Lasst uns landen und sehen, ob wir helfen können.“

# KAPITEL IX
# EINE GLÜCKLICHE RETTUNG

Es ging keine Zeit verloren, bis wir das Ufer erreichten. Gerald und Mr. Crane sprangen vom Boot und rannten zum Haus. Es war ein großes, hübsches Haus und vermutlich das Zuhause eines reichen Mannes. Die meisten Häuser in Portville hatten zwei Stockwerke, aber dieses bestand aus drei. Alonzo öffnete die Haustür, dicht gefolgt von Gerald.

Im Flur war eine Magd, die ihre Hände rang.

„Wo ist das Feuer?" fragte Gerald.

„Im dritten Stock. Armer Mr. Nugent —"

„Na, wo ist er?"

„In dem Raum, in dem das Feuer ausgebrochen ist. Er ist ohnmächtig. Er wird ersticken!"

Alonzo Crane war Kapitän der Feuerwehr in Hillsdale und hatte seinen ganzen Verstand in der Hand.

„Folge mir, Gerald", sagte er, als er die Treppe hinauf rannte.

Er versuchte, die Tür des Zimmers zu öffnen, aus dessen Fenster er Rauch aufströmen sah, aber Mr. Nugents Körper lag so auf dem Boden, dass die Tür nicht geöffnet werden konnte. Den beiden gelang es jedoch, die Tür zu öffnen, indem sie gewaltsam drückten. Die Musselinvorhänge der Vorderfenster standen in Flammen, und die Flammen hatten sich auf die angrenzenden Holzkonstruktionen ausgeweitet.

„Zerreißen Sie die Vorhänge, Gerald", sagte Mr. Crane. „Sie werden bald Hilfe bekommen. Ich höre draußen den Motor. Ich werde mich um den alten Herrn kümmern."

Mit der Kraft, die man von einem Schmied erwarten kann, nahm er den alten Mann auf die Arme und trug ihn die Treppe hinunter. Es war nicht zu früh. Herr Nugent war ohnmächtig und vom Rauch halb erstickt. Auf seinem Weg traf Alonzo einige der Feuerwehrmänner von Portville, die er in den Raum schickte. Er führte den alten Herrn nach unten, legte ihn auf ein Sofa im Wohnzimmer und rief den Diener.

„Bring mir einen Schwamm und etwas kaltes Wasser", sagte er.

Sie wurden gebracht.

Er badete das Gesicht des alten Mannes, der sofort die Augen öffnete und schwach sagte: „Wo bin ich?"

„Sie sind im Land der Lebenden, Squire", antwortete Crane; „Aber du hättest nicht lange gebraucht, wenn ich dich nicht aus dem brennenden Raum gebracht hätte. Weißt du, wie das Feuer begann?"

„Es war meine Schuld", sagte Mr. Nugent schwach. „Ich zündete gerade meine Pfeife an, als mir schlecht wurde. Das Streichholz muss die Vorhänge entzündet haben. Ich taumelte zur Tür, konnte aber nicht weitergehen. Ich sank zu Boden und kann mich an nichts mehr erinnern. Ist das Feuer noch? Verbrennung?" fragte er besorgt.

„Die Feuerwehrleute sind hier und es wird bald draußen sein. Hier ist jemand , der es uns sagen wird."

An diesem Punkt betrat Gerald den Raum.

„Ist das Feuer aus?" fragte Alonzo.

„Das wird bald soweit sein. Die Feuerwehrleute sind im Raum beschäftigt."

„Ich – ich wünschte, es gäbe hier einen Arzt. Ich fühle mich überwältigt!"

„Ich werde sofort einen anrufen", sagte Gerald.

Er verließ schnell den Raum und kehrte bald mit Dr. Barlow, dem Dorfarzt, zurück.

„Nun, Nugent", sagte er, „haben Sie versucht, sich zu verbrennen?"

„Ich versuche es nicht, aber ich hätte es fast geschafft."

Mit ein paar einfachen Mitteln linderte der Arzt seinen Patienten bald. Dann fragte er: „Wer hat das Feuer entdeckt?"

„Mr. Crane und ich haben es vom See aus gesehen?" antwortete Gerald. „Wir kamen so schnell wie möglich hier an und fanden Herrn Nugent hilflos auf dem Boden seines Zimmers liegen."

„Er muss fast erstickt gewesen sein. Hätten Sie weniger schnell reagiert, wäre er aller Wahrscheinlichkeit nach gestorben."

„Wem verdanke ich meine Rettung?" fragte der alte Herr. „Der Junge, den ich kenne – es ist Gerald Lane –, aber dieser Herr ist mir fremd."

„Er ist der Bruder meiner Stiefmutter", sagte Gerald.

„Ich bin euch beiden zu großem Dank verpflichtet. Ich bin jetzt nicht in der Lage, mich angemessen zu bedanken, aber werdet ihr beide heute Abend vorbeikommen, wenn es mir wieder besser gehen wird?"

„Ich werde gern kommen, Knappe", sagte der Schmied; „Gerald wird auch kommen."

„Wer ist dieser Herr Nugent?“ fragte Mr. Crane, als sie die Straße erreichten.

„Er lebt seit einigen Jahren in Portville, aber über ihn ist nicht viel bekannt, außer dass er den Ruf hat, sehr reich zu sein.“

„Kannte dein Vater ihn?“

„So wie jeder andere im Dorf. Ich glaube, er hat seinen Vater gelegentlich zu seinen Angelegenheiten konsultiert.“

„Nun, der alte Herr hätte heute Nachmittag beinahe seine Schecks abgegeben. Er sieht nicht sehr robust aus. Wie alt ist er?“

„Sechzig oder mehr, schätze ich.“

„Wie vertreibt er sich die Zeit?“

„Er hat eine große Bibliothek und liest sehr gern. Er nimmt viele Zeitschriften und Papiere mit.“

„Das ist einfacher, als Schmied zu sein , Gerald.“

„Wären Sie bereit, Ihre Zeit auf die gleiche Weise zu verbringen, Mr. Crane?“

„Ich glaube nicht. Ich lese nicht besonders gern . Es macht mich schläfrig.“

„Wahrscheinlich hätte er keine Lust, Schmied zu werden.“

Alonzo Crane lachte über die Idee.

„Ich würde ihm für seine Arbeit keine 25 Cent pro Tag geben“, sagte er.

Haus erreichten, stellten sie fest, dass Abel und seine Mutter zurückgekehrt waren. In einer halben Stunde war das Abendessen serviert.

„Wie hast du die Zeit verbracht, Alonzo?“ fragte seine Schwester.

„Ich bin mit Gerald rudern gegangen. Dann habe ich mitgeholfen, ein Feuer zu löschen .“

"Wo war es?"

„Es war John Nugents Haus“, sagte Gerald.

„Wie hat es Feuer gefangen? Wurde großer Schaden angerichtet?“

Diese Fragen wurden teils von Gerald, teils vom Schmied beantwortet.

„Ich kenne Mr. Nugent nicht“, sagte Mrs. Lane. „Er geht nirgendwo hin. Mr. Lane hat ihn gelegentlich besucht. Er hat nur sehr wenige Besucher.“

„Er wird heute Abend zwei haben.“

Mrs. Lane sah fragend aus.

„Er hat Gerald und mich eingeladen, ihn zu besuchen?“ erklärte der Schmied.

Mrs. Lane sah überrascht aus.

„Das ist etwas Ungewöhnliches“, sagte sie.

„Mr. Crane hat ihm wahrscheinlich das Leben gerettet“, sagte Gerald.

„Oh, ich weiß es nicht“, sagte Alonzo bescheiden. „Sie sehen, ich bin es gewohnt, bei Bränden zu sein . Ich bin Kapitän der Hillsdale-Feuerwehr“, fügte er mit einem Anflug von Stolz hinzu.

„Ich möchte kein Feuerwehrmann werden“, sagte Abel.

"Warum nicht?"

„Feuerwehrmänner sind niedrig.“

„Das wirst du nicht glauben, wenn du jemals in einem brennenden Haus bist, Abel.“

„Sie sind eine sehr nützliche Klasse von Menschen“, sagte Frau Lane.

„Du würdest doch nicht wollen, dass ich Feuerwehrmann werde, Ma, oder?“

„Nein, vielleicht nicht.“

„Du könntest etwas viel Schlimmeres sein, Neffe“, sagte der Schmied.

„Hat Mr. Nugent keine Familie?“ fragte Mr. Crane.

„Er hat einen Enkel, der ungefähr in meinem Alter ist, aber er ist irgendwo in einem Internat“, antwortete Gerald.

Gegen halb acht klingelte Gerald bei Mr. Nugent.

Die Tür wurde von der Magd geöffnet, die sie am Nachmittag gesehen hatten.

„Kommen Sie herein“, sagte sie, ohne darauf zu warten, dass sie etwas sagten. „Der Meister ist oben in der Bibliothek.“

„Ich habe keine Bibliothek in meinem Haus, Gerald“, sagte der Schmied scherzhaft. „Ich hoffe, er wird mich nicht mit Büchern angreifen.“

Sie fanden Herrn Nugent in einem großen Sessel neben dem Bibliothekstisch sitzend.

„Ich freue mich, Sie beide zu sehen", sagte er herzlich und reichte ihm die Hand. „Unsere Bekanntschaft ist unter für mich sehr günstigen Umständen entstanden. Ich bin Ihnen zu großem Dank verpflichtet, Mr. Crane."

„Oh, es lohnt sich nicht , darüber zu reden , Knappe", sagte der Schmied.

„Sie scheinen meinem Leben einen geringen Wert beizumessen, Mr. Crane", sagte der alte Herr lächelnd.

„Oh, das meine ich nicht."

„Ich verstehe. Sie zeigen nur Ihre Bescheidenheit. Jetzt möchte ich Ihnen sagen, warum ich Sie hierher eingeladen habe. Sie haben mir eine große Verpflichtung auferlegt. Kann ich jetzt etwas für Sie tun?"

Alonzos Gesicht leuchtete mit einer plötzlichen Idee auf. Aber es gefiel ihm nicht, es auszudrücken.

„Ich möchte Sie nicht belästigen, Mr. Nugent", sagte er.

„Dann ist da etwas. Sag mir Bescheid, was es ist?"

„Nun, Fakt ist, Squire, ich bin nach Portville gekommen, um meine Schwester – das ist Mrs. Lane – zu fragen, ob sie mir zweihundert Dollar leihen würde, um mein Geschäft wieder aufzubauen, das letzte Woche durch einen Brand schwer beschädigt wurde, aber sie sagt, sie kann." „Ich tue es nicht."

„Wie viel Geld benötigen Sie, Mr. Crane?"

„Ich glaube, ich könnte mit zweihundert Dollar auskommen."

„Wie lautet Ihr Vorname?" fragte Herr Nugent und zog ein Scheckbuch von einem Schreibtisch auf dem Tisch.

„Alonzo Crane nennen mich die Leute in unserem Dorf."

John Nugent nahm den Stift, füllte einen Scheck aus und reichte ihn dem Schmied.

"Dreihundert Dollar!" rief Alonzo erstaunt aus.

„Ja; wenn das nicht reicht, lass es mich wissen."

„Es wird mich auf die Beine stellen", sagte Mr. Crane, sein schlichtes Gesicht strahlte vor Freude. „Ich werde es so schnell wie möglich zurückzahlen, Knappe."

„Ganz unnötig, Mr. Crane", sagte der alte Herr mit einem angenehmen Lächeln. „Ich halte Ihren Dienst für durchaus dreihundert Dollar wert."

Der Schmied versuchte, Herrn Nugent zu danken, aber der alte Herr hielt ihn davon ab, indem er sich an Gerald wandte.

„Wie schnell gehst du aufs College, Gerald?" er hat gefragt.

# KAPITEL X
## GERALD FINDE EINEN MITFÜHLENDEN FREUND

„ ES besteht kaum eine Chance, dass ich aufs College gehe, Mr. Nugent", antwortete Gerald.

"Warum nicht?" fragte der alte Herr offensichtlich überrascht. „Dein Vater wollte immer, dass du gehst. Er hat es mir mehr als einmal gesagt."

„Hat er Ihnen das kurz nach seinem Tod gesagt?" fragte Gerald ernst.

„Ja, er hat es als eine geregelte Sache bezeichnet."

„Er hat sein gesamtes Eigentum Mrs. Lane hinterlassen, und ich bin auf sie angewiesen."

„Das ist seltsam. Aber sicherlich kannte sie die Absichten deines Vaters –
"

„Sie hat beschlossen, dass ich die Anstellung bei Mr. Tubbs, dem Lebensmittelhändler, antreten soll", sagte Gerald bitter.

„Aber das ist geradezu beschämend!" sagte der alte Herr herzlich.

„Das sage ich auch, Knappe", warf Alonzo ein. „ Melindy ist meine Schwester, aber das hindert mich nicht daran zu sagen , dass sie Gerald gemein behandelt. Sie hat ihren eigenen Jungen in seine Schranken gewiesen, obwohl er kein Verwandter des Mannes ist, von dem ihr Geld kommt. "

„Gibt es denn noch einen Jungen? Ich habe ihn noch nie gesehen."

„Sie hat ihn erst nach Mr. Lanes Tod holen lassen. Offensichtlich wusste er nie, dass sie einen Sohn hatte. Melindy ist schlau und war es schon immer."

„Ich bin mir nicht sicher, ob ich jemals mit Mrs. Lane gesprochen habe, obwohl ihr Mann einer meiner wenigen Freunde war", sagte John Nugent. „Da Sie sie selbst kritisieren , werde ich nicht zögern, ihr Verhalten zu verurteilen. Was ich nicht verstehen kann, ist die Art und Weise, in der Gerald aus dem Testament ausgeschlossen wurde."

„Es sieht wirklich merkwürdig aus , Knappe."

„Ich nehme an, es wird Ihnen sehr unangenehm sein, Mr. Tubbs' Laden zu betreten, Gerald?"

„Ja, Sir. Ich habe keine Angst vor der Arbeit, aber das ist ungefähr die letzte Position, die ich für mich hätte wählen sollen."

„Kein Zweifel. Mr. Tubbs ist ein unwissender und ungebildeter Mann, und Ihre Ausbildung wird in seinem Laden verschwendet. Ich habe große Lust, Ihre Stiefmutter aufzusuchen und gegen ihre Behandlung Ihnen gegenüber zu protestieren.“

„Vielen Dank, Mr. Nugent; aber ich glaube nicht, dass es etwas nützen würde. Ich habe manchmal gedacht, ich würde Portville verlassen und versuchen, meinen eigenen Weg in der Welt zu finden.“

„Soll ich dir einen Rat geben, mein junger Freund?“

„Ich wünschte, Sie würden es tun, Sir. Ich bin zu jung, um zu entscheiden, was ich tun soll.“

„Dann betreten Sie Mr. Tubbs' Laden für eine Weile, auch wenn es Ihnen unangenehm ist. Probieren Sie das Experiment aus und sehen Sie, wie Ihre Stiefmutter Sie behandelt. Ich würde mich freuen, wenn Sie mich nach einiger Zeit besuchen und Bericht erstatten würden. Das war ich Der Freund deines Vaters, und ich habe Grund, dein zu sein. Du hast mir heute einen großen Dienst erwiesen, den ich wahrscheinlich nicht vergessen werde.

Der alte Herr sprach herzlich. Gerald war überrascht, denn bis heute hatte er kaum ein Wort mit Herrn Nugent gesprochen, der sich zum Einsiedler gemacht hatte und seinen Nachbarn vielleicht weniger bekannt war als jeder andere Mann im Dorf. Jetzt schien es, als hätte er ein gutes Herz und herzliches Mitgefühl für andere.

„Vielen Dank, Herr Nugent“, sagte Gerald. „Es ist ein Trost für mich, dass ich einen Freund habe, der auch ein Freund meines Vaters war.“

„Du kannst dich auf meine Freundschaft verlassen, Gerald“, sagte der alte Mann freundlich.

„Ich werde mich an Ihre Freundlichkeit erinnern, Mr. Nugent, und ich werde Sie bald besuchen. Es wird erwartet, dass ich am Montag für Mr. Tubbs zur Arbeit gehe.“

Bald darauf verließen Mr. Crane und Gerald das Haus und kehrten nach Hause zurück. Sie fanden Abel und seine Mutter am Tisch im Wohnzimmer sitzen. Sie sahen neugierig auf, als die beiden eintraten.

„Wie hat dir dein Anruf gefallen, Alonzo?“ fragte seine Schwester.

„Ich hatte guten Grund, es zu genießen“, sagte der Schmied.

„Hat er dir etwas für das Löschen des Feuers gegeben?“

"Ja."

„Bis zu fünf Dollar?“

„Der Gutsherr ist ein liberaler Mann. Er hat mir genug gegeben, um meinen Laden wieder aufzubauen."

"Was!" rief Mrs. Lane ungläubig und erstaunt aus.

„Ich habe einen Scheck über dreihundert Dollar in meiner Tasche, Melindy ."

„Und musst du es nicht zurückzahlen?" fragte Abel.

„Nein, es ist ein kostenloses Geschenk. Es war ein glücklicher Tag, als ich beschloss, nach Portville zu kommen, auch wenn meine eigene Schwester es mir heimzahlen sollte."

„Es lag nicht in meiner Macht, dir zu helfen, Alonzo, aber ich bin froh, dass du so viel Glück hattest."

„Wie viel hat er dir gegeben?" fragte Abel und wandte sich an Gerald.

„Er hat mir nichts angeboten. Es war dein Onkel, der ihm das Leben gerettet hat."

„Er hätte dir vielleicht ein oder zwei Dollar geben können", sagte Abel; aber in seinem Herzen war er froh, dass man sich an Gerald nicht erinnerte.

„Ich hätte es nicht akzeptiert."

„Das würde ich. Ich wäre nicht so ein Idiot, Geld abzulehnen, wenn es mir angeboten wird."

„Du hast damals die Wahrheit gesagt, Abel", sagte Alonzo mit einem bedeutungsvollen Lächeln. „Ich hätte nie gedacht, dass du etwas ablehnst."

Als es halb neun war, sagte Frau Lane:

„Wir gehen hier früh zu Bett, Alonzo. Ich nehme an, dass du morgens früh aufstehen möchtest?"

„Ja, Melindy ; ich bin nicht hergekommen, um dir einen längeren Besuch abzustatten."

Selbst wenn er es getan hätte, war klar, dass dies für Mrs. Lane nicht angenehm gewesen wäre.

„Abel", sagte sie, „würdest du deinem Onkel die kleine Kammer auf dem Dachboden neben Anns Zimmer zeigen?"

Ann war die Dienerin.

Gerald war etwas überrascht, da es im zweiten Stock ein größeres Zimmer gab. Mrs. Lane hatte offensichtlich nicht die Absicht, ihren Bruder als Gesellschaft zu behandeln.

„Ich will nicht gehen, Ma", grummelte Abel.

„Ich werde Mr. Crane den Weg zu seinem Zimmer zeigen", sagte Gerald schnell.

"Sehr gut."

Eine kleine Petroleumlampe wurde angezündet und Gerald ging voran die beiden Treppen hinauf.

An einem Ende des Dachbodens befanden sich zwei angrenzende Räume. Sie waren klein und hatten Dachfenster. In jedem befand sich ein etwa 60 cm breites Kinderbett.

„Ist das das Gästezimmer, Gerald?" fragte Mr. Crane mit einem Lächeln.

„Ihre Schwester behandelt Sie nicht besonders förmlich, Mr. Crane."

„Nein, das ist es nicht Melindys Art. Wie auch immer, ich denke, ich kann in diesem kleinen Bett ziemlich gut schlafen, wenn ich nicht herausfalle.

„Ich hoffe, dass Ihnen Ihr Besuch nicht leid tut"

„Tut mir leid? Ich denke nicht, wenn ich genug Geld habe, um meinen Laden wieder aufzubauen – nein, danke an Melindy ."

„Nun, ich wünsche dir eine gute Nacht und wünsche dir einen erholsamen Schlaf."

„Danke, Gerald. Das Gleiche gilt für dich, mein Junge!"

Gerald ging die Treppe hinunter und fand Mrs. Lane und Abel, die sich darauf vorbereiteten, zu Bett zu gehen. Er nahm eine Lampe und ging die Treppe hinauf. Aus Gewohnheit wollte er gerade in das Zimmer gehen, das immer ihm gehört hatte, erinnerte sich aber rechtzeitig an sich selbst und ging in das kleine Schlafzimmer . Er hörte, wie Abel in seinem alten Zimmer umherging, und seine Gedanken waren bitter.

„Mein Platz ist von einem Fremden eingenommen", sagte er. „Wie lange werde ich das aushalten? Früher hatte ich ein Zuhause, aber jetzt ist alles anders!"

Man kann Gerald seine Melancholie verzeihen. Der Tod seines Vaters hatte für ihn eine große Veränderung bewirkt. Aber der bitterste Gedanke war, dass dies alles mit Zustimmung seines Vaters geschehen war. Er hätte leicht versorgt und von seiner Stiefmutter unabhängig gemacht werden können, aber das war nicht geschehen. Als er nun nach vorn blickte, schienen seine Aussichten alles andere als rosig zu sein. Obwohl sein Vater reich gestorben war, war er mittellos und musste seinen Lebensunterhalt selbst verdienen. Allerdings war Gerald von Natur aus gesund und ließ nicht zu, dass traurige Gedanken ihn lange beherrschten.

Er schlief bald tief und fest.

Wie lange er schlief, wusste er nicht, doch plötzlich wurde er hellwach. Sein Gehör war scharf und er schien zu hören, wie sich im Nebenzimmer etwas bewegte.

„Ist Abel wach, frage ich mich?" er sagte zu sich selbst.

Eine dunkle Gestalt beugte sich über das Bett

In diesem Moment hörte er einen Schrei, sprang aus dem Bett und rannte ins Nebenzimmer.

Dort sah er im schwachen Licht – denn es war Mond – eine dunkle Gestalt, die sich über das Bett beugte. Der Eindringling sah aus wie ein Landstreicher und packte Abel an der Kehle.

„Halt die Klappe, du Viper!" er rief aus. „Wenn du es nicht tust, ersticke ich dich!"

Gerald verstand die Situation. Der Eindringling war ein Einbrecher, der durch Abels Aufschrei in seiner Arbeit unterbrochen worden war und versuchte, seine Schreie zu unterdrücken.

# KAPITEL XI
## Die Niederlage des Einbrechers

GERALD hielt nicht lange inne und bemerkte, dass der Eindringling ein Mann war, der viel größer war als er. Er hatte viel Mut und verlor die Besonnenheit aus den Augen. Er sprang vor und packte den Einbrecher.

Dieser drehte sich bei diesem unerwarteten Angriff um und warf ihn ab. Zuerst war er beunruhigt, aber als er sah, dass sein Angreifer nur ein Junge war, lachte er schallend.

„Warum, du kleines Zwerghuhn!" rief er: „Wie kannst du es wagen, mich zu stören?"

„Du solltest besser sofort den Raum verlassen", sagte Gerald unerschrocken. „Wenn du es nicht tust –"

„Na ja, wenn ich es nicht tue!" wiederholte der Eindringling spöttisch. „Du zwingst mich vielleicht? Geh mir aus dem Weg! Hast du eine Uhr oder Geld für deine Kleidung?"

Letzteres war an Abel gerichtet.

„Töten Sie mich nicht, Herr Einbrecher!" jammerte Abel und war bereit zu weinen. „Ich gebe dir alles, was ich habe."

„Dann beeil dich! Wo sind deine Klamotten?"

"Im Schrank."

„Dann hol sie dir und verschwende keine Zeit damit."

„Tu so etwas nicht, Abel!" sagte Gerald. „Dieser Mann soll dich nicht ausrauben!"

„Warum, du frecher junger Schlingel!" rief der Eindringling heftig. „Ich habe große Lust, dir den Hals umzudrehen!"

„Ich sage dir noch einmal, dass du das Haus verlassen sollst!"

Das war zu viel für den jähzornigen Einbrecher. Er packte Gerald, warf ihn zu Boden und drückte sein Knie auf seine Brust. Gerald kämpfte so gut er konnte, aber er war noch ein Junge und sein Angreifer war ein starker Mann. Welcher Schaden ihm zugefügt worden wäre, lässt sich nicht sagen. Abel war weit davon entfernt, ihm zu helfen, sondern stand zitternd daneben. Schließlich rannte er voller Angst aus dem Zimmer und schloss sich in dem kleinen Raum ein, in dem Gerald gewohnt hatte.

„Was soll ich jetzt mit dir machen?" forderte der Einbrecher zwischen geschlossenen Zähnen und starrte sein am Boden liegendes Opfer an.

Gerald wurde nicht aufgefordert, zu antworten, denn es war Hilfe in der Nähe.

Eine große, muskulöse Gestalt im Nachtkostüm stürzte plötzlich in den Raum, packte den triumphierenden Einbrecher, zog ihn mit unwiderstehlicher Kraft zurück und warf ihn mit solcher Wucht auf den Boden, dass er glaubte, sein Rücken sei gebrochen.

"Was--!" rief der Grobian in einer Mischung aus Überraschung und Bestürzung.

Als er aufblickte, sah er, wie sich der Schmied über ihn beugte.

„Was machst du, du Schurke?" schrie er und bereitete sich offenbar auf einen zweiten Angriff vor.

"Wer bist du?" knurrte der Eindringling.

„Ich bin kein Junge und ich bin dir mehr als ebenbürtig!"

"Lass mich gehen!" sagte der andere und fing an, einen Rückzug ratsam zu finden.

„Nicht, bis ich sehe, wer du bist. Gerald, zünde die Lampe an; ich möchte einen Blick auf das Gesicht dieses Mannes werfen."

Der Einbrecher bemühte sich, aufzustehen, aber er war dem unerschütterlichen Schmied ebenso hilflos ausgeliefert wie Gerald.

Gerald zündete die Lampe an und hielt sie an das ungünstige Gesicht des Besuchers.

„Aha, ich kenne dich!" sagte Alonzo Crane. „Sie sind der Mann, der letzte Woche in Hillsdale in ein Geschäft eingebrochen ist. Damals sind Sie uns entkommen, aber jetzt möchte ich mit Ihnen eine Einigung erzielen."

„Lass mich dieses Mal gehen und ich werde nichts nehmen."

„Ich glaube nicht, dass du das tun wirst. Solange ich in meiner Nähe bin, würde es dir schwerfallen, dieses Haus auszurauben. Du dachtest, du hättest nur mit Jungs zu tun, aber ich bin ein zu großer Junge, als dass du damit fertig werden könntest." ."

„Wenn du mich nicht gehen lässt , werde ich dich eines Tages reparieren."

„Das wird übermorgen sein, schätze ich. Gerald, weißt du, wo es eine Wäscheleine gibt?"

„Ja, Herr Crane."

„Dann hol es dir, und ich werde diesen Mann binden, damit er keinen Schaden mehr anrichten kann."

Gerald nahm die Lampe, ging die Treppe hinunter und kam bald mit der Wäscheleine zurück.

„Wenn du mir jetzt hilfst, fessele ich diesen Kerl, damit er keinen Unfug anrichten kann."

Trotz seiner verzweifelten Bemühungen wurde der Eindringling an Händen und Füßen gefesselt. In seiner unbändigen Wut hatte er fast Schaum vor dem Mund, aber es half nichts.

„Jetzt", sagte der Schmied, „werde ich ihn in den Schrank legen und die Tür abschließen. Wenn es dir nichts ausmacht, Gerald, tausche ich das Zimmer mit dir. Ich werde hier schlafen, und du kannst nach oben gehen." in mein Zimmer im Dachgeschoss. Ich denke, mein Freund, du bist bis zum Morgen in Sicherheit."

„Das ist Abels Zimmer, Mr. Crane."

„Und wo ist Abel?"

„Ich weiß es nicht. Ich glaube, er ist ins Nebenzimmer gegangen."

„Lass ihn dort bleiben! Er ist ungefähr so mutig wie eine Maus. Und hör zu, Gerald, bring meine Kleider runter. Ich habe einen Revolver in meiner Tasche, den ich vielleicht benutzen werde."

Der Grobian war völlig eingeschüchtert und schrie nicht auf, als er in den Schrank gestoßen wurde.

Es war bemerkenswert, dass Mrs. Lane all diese Unruhen durchschlafen konnte, ohne aufzuwachen, aber sie hatte einen tiefen Schlaf. Am Morgen ging Gerald hinaus, um Hilfe zu holen, und der Einbrecher wurde in das Gefängnis gebracht, von wo aus er am Nachmittag in das Bezirksgefängnis überstellt wurde.

Es scheint, dass er sich Zugang zum Haus verschafft hatte, indem er über den Blitzableiter auf einen Balkon direkt vor dem Fenster des großen Zimmers geklettert war, in dem Abel wohnte. Letzterer war von den Ereignissen der Nacht so sehr erschrocken, dass er freiwillig vorschlug, in das kleine Schlafzimmer zurückzukehren, und Gerald konnte wieder sein eigenes Zimmer beziehen. Mrs. Lane protestierte gegen die Änderung, aber Abel erklärte mit Nachdruck, dass er nicht wieder in dem großen Zimmer schlafen würde.

„Für einen Dollar pro Nacht würde ich es nicht tun!" er definierte.

Gerald stimmte der neuen Vereinbarung zu und war dem Einbrecher dankbar, dass er ihm sein eigenes Zimmer zurückgeben konnte.

Etwas später als erwartet verließ Mr. Crane Portville.

„Auf Wiedersehen, Melindy ", sagte er. „Ich habe meinen Besuch genossen und der Einbrecher hat es lebhafter gemacht , als ich erwartet hatte. Wann kommst du nach Hillsdale, um uns zu sehen?"

„Es fällt mir schwer, wegzukommen, Alonzo. Ich muss mich um zwei Jungen kümmern und kann nicht verschont bleiben."

„Dann kommen Sie, wann immer es Ihnen passt. Ich kann nicht versprechen, dass Ihr Besuch so lebhaft wird wie meiner, es sei denn, mein Freund, der Einbrecher, schafft es, aus dem Gefängnis zu fliehen."

„Ich werde Sie zu den Autos begleiten, Mr. Crane", sagte Gerald.

„Das wünschte ich", sagte der Schmied herzlich. „Wenn es Ihnen jemals im Weg steht, nach Hillsdale zu kommen, werde ich Ihnen das beste Zimmer im Haus geben."

„Soll ich Abel mitbringen?" fragte Gerald lächelnd.

„Ich lege überhaupt keinen Wert darauf, ihn zu sehen . Du scheinst mir viel näher zu sein als er, auch wenn er ein Blutsverwandter ist. Wann gehst du zur Arbeit?"

"Am Montag."

„Du wirst nicht lange im Lebensmittelgeschäft bleiben – das bin ich mir sicher. Wenn du jemals daran denkst, Schmied zu werden, werde ich dich bei mir anstellen, und das werde ich gerne tun. "

„Das werde ich mir merken, Mr. Crane."

Als der Zug abgefahren war und sein neuer Freund gerade auf dem Weg nach Hause war, konnte Gerald nicht umhin, nüchtern an seine eigene, wenig vielversprechende Zukunft zu denken. Wenn Mrs. Lane ihrem Bruder ähnlicher gewesen wäre, so rau und ungebildet er auch war, hätte er das Gefühl, dass er sie mehr mögen könnte. Er hatte zumindest ein gutes Herz.

Auf dem Heimweg traf er Herrn Nugent.

„Guten Morgen, Gerald", sagte der alte Herr freundlich. „Haben Sie noch weitere spannende Erlebnisse gehabt?"

„Ja, Sir. Letzte Nacht wurde unser Haus von einem Einbrecher betreten."

„In der Tat! Das ist etwas Neues für Portville. Hat er etwas genommen?"

„Nein, er wurde selbst entführt."

„Sicherlich warst du kein Gegner für ihn?“

„Nein, Sir; aber Mr. Crane hat ihn gefangen genommen und er ist jetzt im Gefängnis.“

„Ah ja, unser guter Freund, der Schmied. Er ist ein muskulöser Mann.“

„Er geht zufrieden mit dem Scheck, den Sie ihm gegeben haben, nach Hause.“

„Ich war froh, ihm behilflich zu sein, da er aller Wahrscheinlichkeit nach mein Leben gerettet hat. Aber ich habe nichts für Sie getan. Sie müssen sich an mich wenden, wann immer Sie Hilfe benötigen. Gehen Sie am Montag in Mr. Tubbs‘ Laden? "

"Jawohl."

„Kommen Sie nächsten Samstagabend vorbei und sagen Sie mir, wie es Ihnen gefällt. Ich war der Freund Ihres Vaters; ich würde mich freuen, wenn Sie mich als Ihren betrachten würden.“

„Das werde ich sehr gerne tun, Herr Nugent“, sagte Gerald ernst.

„Mit wem haben Sie gesprochen?“ fragte Abel, den er eine Minute später traf.

„Herr Nugent.“

„Der reiche Mann? Warum hast du mich nicht vorgestellt?“

„Ich werde es irgendwann tun, wenn ich die Gelegenheit dazu habe.“

„Du gehst Montag zur Arbeit, sagt mir Mama.“

"Ja."

„Sie sagt, ein Lebensmittelgeschäft wäre ein guter Ort für Sie.“

"Würde es dir gefallen?"

„Nein. Ich werde Anwalt oder Bauingenieur – ich habe mich noch nicht entschieden.“

Gerald lächelte. Er hatte auch sehr wenig Vertrauen in Abels Existenz.

# KAPITEL XII
# EIN LEBENSMITTELHÄNDLER

AM FRÜHEN Montagmorgen ging Gerald zu Mr. Tubbs'
Lebensmittelladen und meldete sich zum Dienst. Der Lebensmittelhändler
gab ihm einige Anweisungen zu den Preisen der wichtigsten Waren und er
nahm seinen Platz hinter der Theke ein. Beim Lebensmittelhändler war ein
junger Mann von einundzwanzig Jahren angestellt – ein Cousin von Mrs.
Tubbs namens Charles Brandon. Er war ein eher unattraktiv aussehender
junger Mann mit pickeligem Gesicht und kleinen Augen mit wechselndem
Ausdruck. Gerald kannte ihn schon einigermaßen, mochte ihn aber nicht.
Zweimal hatte er ihn unter dem Einfluss von Alkohol gesehen und wusste,
dass er häufig ein Billardzimmer im Dorf besuchte, das von einer niedrigen
Schicht junger Männer besucht wurde.

„ Also werden wir Kolleginnen und Kollegen, nicht wahr?" sagte Brandon
mit einem unangenehmen Lächeln.

"Das nehme ich an."

„Ich habe dich immer für einen der Besten gehalten! Ich hätte nie gedacht,
dass du bereit wärst, ein Junge in einem Lebensmittelgeschäft zu werden!"

„Ich bin nicht bereit."

„Warum bist du dann gekommen?"

„Ich bin nicht mein eigener Herr. Mrs. Lane, meine Stiefmutter, hat die
Vereinbarung mit Mr. Tubbs getroffen."

„Ich gehe davon aus, dass du dich darüber fühlst?"

„Das sage ich nicht, aber es ist nicht mein Geschmack."

„Wie viel bekommst du?"

Gerald hatte nichts dagegen einzuwenden und antwortete ruhig: „Drei
Dollar pro Woche."

„Das ist nicht viel. Ich bekomme sechs und meine Verpflegung. Wissen
Sie, ich vermiete bei Mr. Tubbs. Ich bin eine Cousine von Mrs. Tubbs."

„Gefällt es dir?"

„Nein, ich muss mich zu sehr um mich kümmern. Wenn ein Mann in
meinem Alter ist, möchte er nicht gestört werden."

„Niemand lässt sich gern stören."

„Nur so. Ich sehe dich und ich werde erstklassig miteinander auskommen."

Als der Morgen voranschritt, war Gerald ziemlich beschäftigt. Anfangs war es umständlich, Butter, Zucker und andere benötigte Artikel abzuwägen, aber er war schnell und hatte schnell den Dreh raus mit seinen neuen Aufgaben.

Am frühen Nachmittag wurde er mit den Büchern des Konzerns bekannt gemacht und stellte fest, dass sie in einem durcheinandergebrachten Zustand waren, da weder Mr. Tubbs noch sein Chefverkäufer etwas von Buchhaltung wussten. Er schlug dem Lebensmittelhändler vor, einen neuen Satz Bücher zu kaufen, dem er zustimmte.

Zur Zeit des Abendessens kam sein Freund John Holman in den Laden, und Gerald wog für ihn zwei Pfund Zucker ab.

„Es kommt mir seltsam vor, dich hinter der Theke zu sehen, Gerald", sagte er.

„Mir kommt es so vor."

"Wie gefällt es Ihnen?"

„Es gefällt mir nicht besonders gut, aber ich bin kaum lange genug hier, um es beurteilen zu können."

„Es ist eine Schande, dass Sie eine solche Position mit all Ihrem Buchwissen besetzen sollten."

Gerald lächelte.

„Für mein Französisch und Latein werde ich hier nicht viel brauchen", sagte er. „Angenommen, ich übergebe sie dir!"

„Sie würden mir nicht dabei helfen, die Schuhe festzumachen, Gerald. Aber egal, es wird die Zeit kommen, in der du sie nützlich finden wirst. Du wirst nicht dein ganzes Leben hier bleiben."

„Das hoffe ich auf jeden Fall."

In diesem Moment betrat Abel den Laden.

Er sah sich um, bis er Gerald sah und ein Lächeln sein Gesicht erhellte.

„Ma möchte, dass du vier Pfund Butter mit nach Hause bringst, wenn du zum Abendessen kommst", sagte er. „Hier ist ein Blecheimer zum Hineinfüllen."

„Warum nimmst du es nicht selbst?" fragte John.

„Weil ich es nicht will", antwortete Abel überheblich.

„Ich werde es nehmen", sagte Gerald leise.

In diesem Moment kam der Lebensmittelhändler zu seinem Standort.

„Du kannst zum Abendessen gehen, Gerald", sagte er.

Gerald stellte die Butter hin und ging mit John Holman hinaus.

„Wie kannst du Abels Unverschämtheit ertragen?" fragte John hitzig.

„Weil ich ihn verachte. Er handelt nur seiner Natur entsprechend. Er ist das, was die Engländer einen Cad nennen."

„Er glaubt, dass er dir überlegen ist."

„Mit dieser Meinung ist er wahrscheinlich der Einzige, und es macht mir nichts aus, was er denkt."

Am Abend, als der Laden schloss, sagte Brandon zu ihm:

„Komm ins Billardzimmer und spiel eine Partie mit mir, Gerald."

„Danke, aber ich spiele kein Billard."

„Ich werde es dir beibringen. Du wirst es leicht lernen."

"Wie viel kostet es?"

„Fünfundzwanzig Cent pro Spiel."

„Mein Gehalt ist so gering, dass ich es mir nicht leisten kann."

„Nun, kommen Sie auf jeden Fall rein und sehen Sie sich das Spiel an."

Dem stimmte Gerald zu. Er hatte den Raum noch nie betreten und war neugierig, ihn zu sehen. Deshalb ging er hinein und fand eine Sammlung dörflicher Rohmaterialien. Brandon beteiligte sich an einem Spiel, das gerade gespielt wurde, und Gerald setzte sich und sah zu.

An einem Ende des Raumes befand sich eine Bar, in die sich die Spieler in regelmäßigen Abständen zurückzogen.

„Möchtest du nicht etwas haben, Gerald?" fragte Brandon, der am Ende des ersten Spiels an der Reihe war.

"Nein danke."

„Ich werde es Ihrer Mutter nicht sagen ", sagte sein Kollege lächelnd.

„Ich bin mir nicht sicher, ob es ihr etwas ausmachen würde, aber ich würde lieber nicht trinken."

„Wie ich sehe, hast du die Sonntagsschule noch nicht abgeschlossen", sagte Brandon mit einem kleinen spöttischen Lächeln.

Gerald antwortete weder, noch beachtete er das höhnische Grinsen.

Er bemerkte, dass Brandon, als er die Getränke und das Spiel bezahlte, bei dem er ein Verlierer war, dem Barkeeper einen Fünf-Dollar-Schein reichte und das Wechselgeld mit der Miene eines Millionärs achtlos in seine Westentasche steckte. Angesichts der moderaten Bezahlung, die er erhielt, war Gerald überrascht, wie frei er sein Geld ausgab.

Nach einer halben Stunde verließ er das Billardzimmer und ging nach Hause.

Mrs. Lane und Abel waren noch wach.

„Hier kommt der junge Lebensmittelhändler!" sagte Abel mit einem boshaften Lächeln.

„Bist du gerade aus dem Laden raus?" fragte Frau Lane.

„Nein. Ich bin eine Weile mit Mr. Brandon, dem Chefsekretär, spazieren gegangen."

„Wie gefällt es dir soweit?" fragte Abel.

„Das gefällt mir nicht."

„Ich nehme an, du wärst lieber in der Schule."

„Das sollte ich auf jeden Fall."

„Ja, es wäre einfacher."

„Das ist nicht mein Grund."

„Was ist dein Grund?"

„Ich glaube, ich verschwende meine Zeit in einem Lebensmittelgeschäft."

„Du wirst dafür bezahlt, nicht wahr?"

„Ja, ich werde eine kleine Summe erhalten."

„Abel", sagte seine Mutter, „ich möchte nicht, dass du mit Gerald über dieses Thema sprichst. Wenn er weitermacht, wird er zufrieden sein und sehen, dass ich das Beste geplant habe. Jetzt, da es fast zehn ist." Uhr, wir können genauso gut ins Bett gehen.

Am nächsten Morgen stand Gerald früher als der Rest der Familie auf und frühstückte alleine. Für ihn war es ein Trost, sein eigenes Schlafzimmer zu bewohnen. Abel hatte sich durch den Besuch des Einbrechers so sehr erschreckt, dass er sich strikt weigerte, das große Zimmer zu bewohnen, obwohl seine Mutter ihn dazu gedrängt hatte, weil ihr der Gedanke nicht gefiel, dass er weniger luxuriös versorgt war als Gerald.

„Nun, wie haben Sie es verstanden, Mr. Brandon?“ fragte Gerald seinen Kollegen.

„Ich hatte Pech. Gestern Abend habe ich über zwei Dollar ausgegeben.“

„Es würde mir nicht schaden, so viel auszugeben. Ich bekomme nur drei Dollar pro Woche.“

„Ohne das Billardzimmer könnte ich nicht auskommen. Nachdem ich den ganzen Tag in diesem tristen Laden gestanden habe, brauche ich ein wenig Erholung.“

Gerald konnte nicht verstehen, wie Brandon es sich leisten konnte, abends so viel Geld auszugeben, oder wie er noch etwas für Kleidung und notwendige Ausgaben übrig haben konnte.

Tagsüber hörte er ein Gespräch zwischen Mr. Tubbs und einem Nachbarn.

„Wie läuft das Geschäft, Tubbs?“ fragte letzterer.

„Ich scheine ein gutes Geschäft zu machen“, antwortete der Lebensmittelhändler, „aber ich weiß nicht, wie es ist, es fällt mir sehr schwer, meine Rechnungen bei Fälligkeit zu begleichen.“

„Sie gelten als Fahrer.“

„Das sollte ich sein, aber es ist so, wie ich es dir gesagt habe. Ich kann es nicht verstehen. Es gab Zeiten, in denen ich weniger Geschäfte machte und mehr Geld verdiente.“

„Vielleicht machen Sie nicht so große Gewinne?“

„Ja, das tue ich. Ich verkaufe zum gleichen Preis und zahle nicht mehr für die Ware.“

Gerald dachte über dieses Problem nach und es stellte auch ihn vor ein Rätsel. Es brachte ihn dazu, die Bücher zu untersuchen, die unter seiner Obhut standen. Das Ergebnis war für das Unternehmen sehr positiv. Den Büchern nach hätte es sich gut auszahlen müssen.

Doch am nächsten Tag wurde das Geheimnis erschreckend beleuchtet.

Gerald sah, wie Brandon zur Geldschublade ging, um fünfzig Cent einzuzahlen, die er als Bezahlung für einige Lebensmittel erhalten hatte. Er zahlte es zwar ein, zog aber gleichzeitig heimlich einen Schein hervor, den er mit sich nahm.

"Das erklärt es!" dachte Gerald und holte tief Luft. „Was soll ich tun?“

# Kapitel XIII
## Ein raffinierter Trick

ES war eine schwierige Entscheidung. Gerald hatte eine natürliche Abneigung dagegen, zum Informanten zu werden oder seinen Kollegen bloßzustellen, obwohl er der Meinung war, dass Mr. Tubbs wissen sollte, wie er ausgeraubt wurde. Also ließ er den Tag vergehen, ohne über das zu sprechen, was er gesehen hatte. Es wunderte ihn nicht mehr, dass Brandon so viel Geld für Billard ausgeben konnte, da es nicht aus seinem Gehalt, sondern aus der Kasse seines Arbeitgebers stammte.

Am Abend besuchte er Herrn Nugent und fragte ihn um Rat.

„Haben Sie Mr. Tubbs erzählt, was Sie entdeckt haben?" fragte der alte Herr.

"Nein Sir."

„Das solltest du tun."

„Ich mag es nicht, Brandon bloßzustellen."

„Ich kann Ihren Einwand verstehen, aber es ist dennoch Ihre Pflicht, dies zu tun."

„Ich wünschte, er würde es auf andere Weise entdecken."

„Er wird das wahrscheinlich nicht tun."

„Vielleicht glaubt er mir nicht."

„Auf jeden Fall haben Sie Ihre Pflicht getan."

„Ich werde darüber nachdenken, Herr Nugent. In der Zwischenzeit bin ich Ihnen für Ihren Rat dankbar."

„Ich werde Sie immer gerne beraten", sagte Herr Nugent freundlich. „Du bist ein unkomplizierter und ehrenhafter Junge, und ich habe vollstes Vertrauen in dich."

„Vielen Dank, Sir. Ich freue mich, dass Sie das sagen. Angenommen, Brandon bestreitet es?"

„Sie können Mr. Tubbs vorschlagen, einen markierten Geldschein in die Schublade zu legen und dann zu versuchen, ihn aufzuspüren, falls er gestohlen wird."

"Ich werde das so machen."

Aber Gerald hatte keine Gelegenheit, den Rat von Herrn Nugent in Anspruch zu nehmen. Im Laufe des Tages hatte er eine gewisse Beunruhigung gezeigt, die durch die Entdeckung von Brandons Verrat verursacht worden war und die die Aufmerksamkeit seines Kollegen erregt hatte . Schuld ist immer verdächtig, und Brandon war sich seiner eigenen Unehrlichkeit bewusst und war ständig auf der Suche nach der Entdeckung, vor der er sich fürchtete.

„Der Junge verdächtigt mich", sagte er sich. „Ich muss ihm zuvorkommen."

Als der Laden schloss, bot er dementsprechend nicht an, mit Gerald auszugehen, sondern sagte: „Ich bin noch nicht ganz bereit zu gehen."

Das gefiel Gerald, der eigentlich Herrn Nugent um Rat fragen wollte. Er sagte deshalb „Gute Nacht!" und ging weg.

Brandon sah zu, wie er die Straße hinaufging und dann, als sein Arbeitgeber gerade gehen wollte, den Laden wieder betrat, und sagte:

„Können Sie einen Moment innehalten, Mr. Tubbs?"

„Sicherlich. Was ist das?"

„Ich habe dir etwas zu sagen – etwas Wichtiges."

"In der Tat!" sagte der Lebensmittelhändler überrascht.

„Haben Sie innerhalb weniger Tage Geld verpasst?"

„Das kann ich nicht sagen. Warum fragst du?"

„Weil ich heute etwas gesehen habe, das mich erschreckt hat. Glaubst du, dass Gerald ehrlich ist?"

„Gott sei Dank, natürlich! Er stammt aus einer guten Familie. Sein Vater wurde sehr respektiert."

„Das mag sein, aber es gibt viele Jungen und Männer aus angesehenen Familien, auf die man sich nicht verlassen kann."

„Was hast du gesehen? Was lässt dich den Jungen verdächtigen?"

„Ich habe gesehen, wie er heute Nachmittag einen Geldschein aus der Schublade genommen hat. Angenommen, Sie untersuchen ihn und sehen, ob Ihnen etwas entgeht."

Der Lebensmittelhändler öffnete hastig die Schublade.

„Das kann ich nicht sagen", sagte er langsam. „Ich habe die Rechnungen in der Schublade nicht im Auge behalten."

„Das habe ich. Mr. Bacon hat einen Fünf-Dollar-Schein für ein Fass Mehl bezahlt."

„ So war es, Brandon – so war es."

„Schauen Sie nach, ob Sie den Fünf-Dollar-Schein in der Schublade finden können."

„Nein, das kann ich nicht", erwiderte Mr. Tubbs nach einer kurzen Untersuchung.

„Dann war das die Rechnung, die der Junge genommen hat."

„Ich kann es nicht glauben; auch so jung und so ehrlich aussehend!"

„Er ist offensichtlich sehr kunstvoll", sagte Brandon. „Es tut mir leid, Mr. Tubbs, es tut mir wirklich leid, dass ich gezwungen bin, Anzeige gegen ihn zu erstatten, aber ich habe es als meine Pflicht empfunden."

„Du bist ein guter Kerl, Brandon", sagte der Lebensmittelhändler und ergriff seine Hand. „Du hast getan, was du tun solltest. Ich habe das Gefühl, dass du ein wahrer Freund bist."

„Das versuche ich, Sir; aber ich gebe zu, dass ich ein egoistisches Motiv hatte."

"Was ist es?"

„Ich dachte, wenn du die Rechnung verpasst hättest , könntest du mich verdächtigen."

„Nein, Brandon; das könnte ich kaum tun, nach der langen Zeit, die du bei mir warst."

„Ja, Sir, ich bin seit fünf Jahren für Sie angestellt, und ich hoffe inständig, dass Sie mich treu gefunden haben, Sir."

„Ja, Brandon", sagte der betrogene Lebensmittelhändler, „ich habe dich immer treu gefunden."

Brandon lachte in seinem Ärmel. Er fand seine Aufgabe einfacher, als er gedacht hatte. Mr. Tubbs war ein bereiter Betrüger.

„Es scheint schrecklich", sagte der Lebensmittelhändler. „Was hätte sein armer Vater gesagt, wenn er noch von der Unehrlichkeit des Jungen erfahren hätte?"

„Vielleicht hätte sein Vater nicht gestohlen, wenn er überlebt hätte."

„Was sollte ich Ihrer Meinung nach tun, Brandon? Würden Sie mir raten, ihn verhaften zu lassen?"

„Nein, Sir. Bitten Sie ihn, den Geldschein zurückzugeben, den er aus der Schublade genommen hat. Wenn er bestreitet, ihn genommen zu haben, wissen Sie, was Sie denken müssen."

„Stimmt, Ihr Rat ist gut. Ich werde morgen früh mit ihm sprechen. Vielen Dank, dass Sie mir erzählt haben, was Sie gesehen haben."

Der Laden wurde geschlossen und die beiden gingen in unterschiedliche Richtungen – Mr. Tubbs geht zu seinem Haus, Brandon zum Billardzimmer.

Letzterer lächelte, als er sich seinen Weg bahnte.

„Was hätte der alte Mann gedacht", sagte er zu sich selbst, „wenn er gewusst hätte, dass ich die Rechnung des Pfarrers in meiner eigenen Tasche habe? Mein Freund Gerald, ich habe deine Waffen mit Stacheln versehen, wie du feststellen wirst, wenn du es auf dich nimmst, Ärger zu machen." Für mich. Du bist insgesamt zu unschuldig. Du bist zu gut, um Billard zu spielen, aber du wirst dich in etwas Schlimmerem wiederfinden.

Am nächsten Morgen kam Gerald früher als gewöhnlich in den Laden, denn er wollte Gelegenheit haben, mit Mr. Tubbs zu sprechen. Im Gegensatz zu den meisten selbstständigen Unternehmern war der Lebensmittelhändler im Allgemeinen zuerst vor Ort und eröffnete den Laden selbst. Es war eine Gewohnheit, die er sich als Untergebener angeeignet hatte. Er stand immer früh auf und frühstückte früh, so dass dies für ihn keine Selbstverleugnung bedeutete.

Um Mr. Tubbs Gelegenheit zu geben, mit Gerald zu sprechen, kam Brandon erst zwanzig Minuten nach seiner üblichen Zeit vorbei.

Gerald bemerkte, dass der Lebensmittelhändler ungewöhnlich ernst aussah, aber auf das, was kommen würde, völlig unvorbereitet war.

„Guten Morgen, Mr. Tubbs", sagte er in einem freundlichen Ton.

Der Lebensmittelhändler erwiderte seinen Gruß nicht, sondern sagte:

„Gerald, es gibt etwas, worüber ich mit dir sprechen möchte."

„Ja, Sir. Ich wollte auch mit Ihnen sprechen."

„Ich frage mich, ob er gestehen wird", dachte Mr. Tubbs.

„Was hast du mir zu sagen?"

„Ich glaube, gestern wurde ein Bankschein aus Ihrer Geldschublade genommen."

Herr Tubbs war erstaunt. Was sollte das heißen? War es möglich, dass der Junge seine Unehrlichkeit klarstellen würde?

„Gestern wurde ein Bankschein aus der Schublade genommen", sagte er – „ein Fünf-Dollar-Schein."

„Ich wusste nicht, dass es eine Fünf war", sagte Gerald. „Ich dachte nicht, dass du es entdeckt hättest."

„Ich bin jedoch froh, dass Sie mir den Diebstahl gestanden haben. Geben Sie mir die Rechnung zurück, dann werde ich über Ihr Verschulden hinwegsehen."

„Was zum Teufel meinen Sie, Mr. Tubbs?" rief Gerald. „Sie glauben doch nicht, dass ich das Geld genommen habe?"

„ Auf jeden Fall tue ich das."

„Dann irren Sie sich sehr, Sir", sagte Gerald empört. „Ich war in meinem ganzen Leben nie unehrlich."

„ Jemand muss das Geld genommen haben."

„ Jemand hat es getan."

„Wen, darf ich fragen?"

„Brandon! Ich habe gesehen, wie er es aus der Schublade nahm, als er einen kleineren Betrag einzahlte, den man ihm für Lebensmittel bezahlt hatte."

„Das ist beschämend, Gerald Lane", sagte Mr. Tubbs wütend. „Es reicht nicht aus, dass Sie mein Geld nehmen, sondern Sie versuchen, das Verbrechen einem unschuldigen Mann anzulasten."

„Sie irren sich sehr, Mr. Tubbs", sagte Gerald, blass, aber entschlossen. „Ich habe mit eigenen Augen gesehen, wie Brandon das Geld genommen hat, aber ich wusste nicht, dass es ein Fünf-Dollar-Schein war. Wie haben Sie Ihren Verlust entdeckt?"

„Brandon selbst hat mich gestern Abend darauf aufmerksam gemacht."

„Er hat dir erzählt, dass die Schublade ausgeraubt wurde!" rief Gerald erstaunt aus.

"Ja."

„Dann muss er es getan haben, um den Verdacht von sich abzulenken. Wahrscheinlich hatte er den Zettel in der Tasche, als er mit Ihnen sprach."

# KAPITEL XIV
# EINE KRISE

IN diesem Moment betrat Brandon den Laden. Er erfasste mit einem Blick, was vor sich ging. Er bemerkte Geralds gerötetes Gesicht und lächelte innerlich.

„Ich schätze, der Junge befindet sich in heißem Wasser", sagte er sich.

„Kommen Sie her, Mr. Brandon", sagte der Lebensmittelhändler.

„Ja, Sir", erwiderte Brandon unschuldig.

„Erinnerst du dich daran, mir erzählt zu haben, dass du gesehen hast, wie Gerald Geld aus der Schublade genommen hat?"

„Ja, Sir; ich hielt es für meine Pflicht, es Ihnen zu sagen. Da es sich wahrscheinlich um ein Erstvergehen handelt, hoffe ich gleichzeitig, dass Sie ihm verzeihen."

„Sie sehen, wie rücksichtsvoll Brandon ist", sagte Mr. Tubbs und wandte sich an Gerald. „Was meinst du, was der Junge sagt?"

Dies war natürlich an Brandon gerichtet.

„Ich weiß es nicht, Sir. Bestreitet er, das Geld genommen zu haben?"

„Ja. Er sagt, er hätte gesehen, wie du es genommen hast!"

"Ist es möglich?" rief Brandon aus. „Ich hoffe, Sie glauben der Anschuldigung nicht, Mr. Tubbs."

"Sicherlich nicht."

„Sie können mich durchsuchen, wenn Sie möchten."

„Vielleicht ist es sinnvoll, Sie beide zu durchsuchen, obwohl die Notiz natürlich auch schon ausgegeben sein könnte."

„Ich stehe zu Ihrer Verfügung, Mr. Tubbs. Bleiben Sie, ich werde meine Taschen umstülpen!"

Er tat dies, doch es wurden nur wenige Silbermünzen gefunden. Tatsache war, dass der Schein am Vorabend im Billardzimmer ausgezahlt worden war.

„Jetzt, Gerald, bist du dran."

Gerald sah verlegen aus. Obwohl er vollkommen unschuldig war, wusste er, dass sich in seiner Handtasche ein Fünf-Dollar-Schein befand – ein Teil des von der Sparkasse abgehobenen Geldes. Mr. Barton hatte es ihm erst zwei Tage zuvor übergeben.

Brandon wusste davon nichts. Seine einzige Idee war, Gerald zu demütigen. Doch als er die Verwirrung des Jungen sah, begann er zu glauben, dass sich die Dinge unerwartet zu seinen Gunsten entwickeln würden.

„Ich glaube nicht, dass er durchsucht werden möchte, Mr. Tubbs", sagte er spitz.

„Ich bin bereit, dem Beispiel von Herrn Brandon zu folgen", sagte Gerald.

Er holte seine Handtasche heraus und reichte sie dem Lebensmittelhändler.

Dieser öffnete es und zog einen Fünf-Dollar-Schein heraus.

"Ha!" rief er aufgeregt aus, als er es hochhielt, um es anzusehen. „ Das erzählt die Geschichte, Gerald Lane! Du bist ein Dieb!"

„Das ist falsch, Mr. Tubbs!" sagte Gerald hitzig. „Diese Rechnung gehört mir."

„Das ist eine wahrscheinliche Geschichte. Natürlich wird ein Junge, der stiehlt, lügen."

„Es ist wahr", sagte Gerald bestimmt.

„Woher hast du dann dieses Geld?" forderte der Lebensmittelhändler streng.

„Von Mr. Barton, in der Sparkasse."

„Gerald Lane, Sie denken vielleicht, ich sei ein Idiot, aber Sie irren sich. Ich werde diese Rechnung behalten."

„Dann sind Sie der Dieb. Sie können Herrn Barton fragen, ob ich nicht die Wahrheit sage."

Brandon lächelte fröhlich. Er war sehr überrascht, als er erfuhr, dass Gerald einen Fünf-Dollar-Schein in seinem Besitz hatte. Er wusste natürlich, dass es sich nicht um den Geldschein aus der Schublade handelte; Aber der Lebensmittelhändler wusste es nicht, und er sah, dass es ihn vom Verdacht befreien würde.

„Was hältst du von diesem Jungen, Brandon?" fragte Mr. Tubbs.

„Ich glaube, er hat der Versuchung nachgegeben und wird es nicht noch einmal tun. Wollen Sie mir einen Gefallen tun, Mr. Tubbs, und über sein Vergehen hinwegsehen?"

„Du bist sehr freundlich zu ihm, Brandon, besonders wenn er dich beschuldigt, die Geldlade ausgeraubt zu haben; aber ich kann keinen Dieb in meinem Dienst behalten."

„Ich möchte nicht, dass Sie mich auf Mr. Brandons Bitte hin behalten“, sagte Gerald energisch. „Ich nehme meine Anklage gegen ihn nicht zurück.“

„Dann, Mr. Tubbs“, sagte Brandon, „habe ich nichts mehr zu sagen“, und er ging in einen anderen Teil des Ladens.

Für Gerald sah es auf jeden Fall düster aus. Die Indizienbeweise gegen ihn waren schwerwiegend und überzeugend. Doch gerade als er den Laden betrat, traf ein unerwarteter Zeuge zu seinen Gunsten ein.

Es war Mr. Barton.

Geralds Gesicht leuchtete auf, als er den Eintritt seines Freundes sah. So auch Mr. Tubbs.

„Jetzt kann ich beweisen, dass Sie gelogen haben“, sagte der Lebensmittelhändler triumphierend.

"Was ist los?" fragte der Bankangestellte und drehte sich von einem zum anderen um.

„Mr. Barton“, sagte der Lebensmittelhändler, „Sie kommen gerade rechtzeitig; dieser Junge hat mir einen Fünf-Dollar-Schein gestohlen.“

"Unmöglich!" rief der Bankangestellte. „Gerald Lane ist ein ehrlicher Junge.“

„ Das dachte ich mir; aber bei Jungen besteht die Gefahr, dass man getäuscht wird.“ Mr. Brandon sah, wie er den Schein aus der Schublade nahm, und sagte es mir. Ich habe ihn durchsucht und den Schein in seinem Besitz gefunden. Jetzt hat er die Zusicherung, es zu tun Sagen Sie, dass er die Rechnung von Ihnen bekommen hat.

„Wahrscheinlich hat er es getan.“

"Was!" rief der Lebensmittelhändler und fuhr erstaunt zurück.

„Es ist wahr. Ich habe Gerald einen Fünf-Dollar-Schein gegeben.“

„Genau das habe ich Ihnen gesagt, Mr. Tubbs“, sagte Gerald triumphierend.

„Aber“, sagte der Lebensmittelhändler, „Brandon sagt, er habe gesehen, wie er einen Schein aus der Schublade genommen hat, und mir fehlt ein Fünf-Dollar-Schein.“

„Dann kann ich nur sagen, dass Mr. Brandon Ihnen wahrscheinlich gesagt hat, was nicht wahr ist.“

"Herr!" rief Brandon nervös aus.

„Ich meine, was ich sage“, sagte Mr. Barton streng.

„Ich kenne Gerald Lane und würde ihm bedingungslos vertrauen.“

„Aber mir wurde eine Rechnung aus der Schublade genommen“, sagte der Lebensmittelhändler.

„Ich bin sicher, Gerald hat es nicht genommen.“

„Herr Tubbs, ich werde Ihnen dafür danken, dass Sie mir mein Geld zurückgeben“, sagte Gerald.

„Nach allem, was ich über Sie gehört habe, weiß ich nicht, ob ich es tun sollte“, sagte Mr. Tubbs zögernd. „Die Rechnung hätte nicht von alleine verschwinden können.“

„Das stimmt, aber ich bin nicht der Einzige, der im Laden beschäftigt ist.“

Der Lebensmittelhändler war völlig verwirrt. Er hatte zweifelsfrei entschieden, dass Gerald ein Dieb war; aber dann bürgte Mr. Barton für ihn, und Mr. Barton war ein angesehener Mann.

Er gab Gerald die Rechnung zurück, allerdings widerstrebend.

„Es scheint also“, sagte er, „dass ich den Verlust tragen muss.“

„Ja“, sagte Mr. Barton, „es sei denn, Sie finden heraus, wer Ihr Geld genommen hat.“

„Der Gedanke, einen Dieb im Laden zu haben, wird mir unangenehm sein.“

„Was mich betrifft“, sagte Gerald stolz, „werden Sie keine Probleme haben. Ich gebe mein Amt auf.“

„Ich denke, Sie bleiben besser bis zum Ende der Woche“, sagte Mr. Tubbs. „Ich kann deine Stelle nicht sofort besetzen.“

mich erhoben wird, werde ich Sie sofort verlassen.“

Hier machte Herr Barton seinen Kauf. Als er den Laden verließ, sagte er:

„Rufen Sie mich an, Gerald. Wir können die Angelegenheit besprechen.“

Als der Bankangestellte den Laden verlassen hatte, sagte Herr Tubbs:

„Dieser Raubüberfall scheint ein großes Geheimnis zu sein.“

„Ja, Sir“, antwortete Brandon.

„Mr. Barton scheint für Gerald zu bürgen.“

„Er ist ein guter Mann, aber nicht sehr scharfsinnig. Er ist sicherlich eingenommen.“

Als Gerald an diesem Abend nach Hause ging , sagte er zu seiner Stiefmutter:

„Mrs. Lane, ich muss Ihnen etwas sagen.“

"Also?" antwortete sie kalt.

„Ich werde den Lebensmittelladen verlassen“, verkündete Gerald leise.

„Was? Ohne meine Erlaubnis?“ sie forderte unzufrieden.

„Ja, Frau Lane.“

„Was ist Ihr Grund? Werden Sie faul? Sind Sie müde von der Arbeit?“

"NEIN."

„Dann teilen Sie mir den Grund Ihrer Entschlossenheit mit. Nicht, dass ich dem zustimmen werde.“

„Mr. Tubbs hat mich beschuldigt, Geld aus der Schublade genommen zu haben.“

"Oho!" sagte Abel. „Das ist es also, was du gemacht hast. Ich nehme an, er hat dich verarscht!“

„ Natürlich wird es niemand glauben, der mich kennt“, erwiderte Gerald verächtlich.

„Da bin ich mir nicht so sicher.“

„Wenn deine Mutter nicht hier wäre, würde ich dich verprügeln!“ sagte Gerald hitzig.

„Ma hat dich nicht zugelassen.“

„Das alles ist sehr in Misskredit, Gerald“, sagte seine Stiefmutter. „Ich hätte sicher nicht gedacht, dass Sie zum Diebstahl verfallen würden. Mr. Tubbs hätte Sie möglicherweise verhaften lassen.“

„Ich habe einen Freund gefunden, der für mich einsteht – Mr. Barton.“

„Hat Mr. Tubbs Sie entlassen oder ist er bereit, Sie zu behalten?“

„Ich nehme an, dass er es ist.“

„Dann gehen Sie zurück“, sagte Frau Lane entschieden.

„Ich werde bis zum Ende der Woche bleiben, um Herrn Tubbs einen Gefallen zu tun, aber ich werde nicht länger bleiben.“

„Das werden wir sehen. Jetzt ist es Zeit, ins Bett zu gehen.“

# KAPITEL XV
## Ein seltsamer Vorschlag

GERALD hatte gelernt, Mr. Nugent als einen Freund zu betrachten, auf dessen Rat und Hilfe er sich verlassen konnte. Am Freitagabend besuchte er das Haus seines alten Freundes und wurde herzlich empfangen.

„Lassen Sie mich wissen, wie es Ihnen geht", sagte der alte Herr.

Gerald erzählte kurz, was passiert war.

„ Ihre Stiefmutter möchte also , dass Sie bei Mr. Tubbs bleiben?" sagte Herr Nugent.

"Jawohl."

„Und Sie haben Einwände?"

„Ich möchte nicht bei einem Mann bleiben, der an meiner Ehrlichkeit zweifelt."

John Nugent lächelte.

„Würden Sie mich als Arbeitgeber Herrn Tubbs vorziehen?" fragte er nach einer Pause.

„Sehr sehr", antwortete Gerald und seine Miene wurde heller.

Er fragte sich jedoch, was Mr. Nugent für ihn tun könnte. Für einen Jungen wie ihn schien es in seiner Einrichtung keine Chance zu geben, es sei denn, Mr. Nugent brauchte jemanden, der für ihn arbeitete. Gerald war dazu bereit, auch wenn ihm eine Beschäftigung außerhalb der Haustür lieber gewesen wäre.

„Vielleicht möchten Sie, dass ich etwas schreibe?" schlug er fragend vor.

„Nein, vielleicht möchte ich Sie auf eine Reise schicken. Würden Sie dagegen Einwände erheben?"

„Nein, Sir; ich würde mich freuen, die Chance zu haben, zu reisen."

„ Das habe ich angenommen", sagte Herr Nugent mit einem wohlwollenden Lächeln. „Das macht den meisten jungen Leuten Spaß."

„Soll ich mit Ihnen gehen, Sir?"

„Nein. Ich bin kein guter Reisender. Eine Erkältung, an der ich sehr leicht erkranken würde, würde wahrscheinlich meinen alten Feind, Rheuma, mit sich bringen. In meinem Alter verweilt ein Mann lieber an seinem eigenen

Kamin. Das bist du nicht." Angst vor Rheuma?" fügte er in einem scherzhaften Ton hinzu.

"Nein Sir."

Nach einer Pause fuhr Herr Nugent fort:

„ Vor zwei Tagen erhielt ich einen Brief aus Montana, von einem Mann, den ich für tot hielt.

„Der Inhalt hat mich sehr überrascht. Ich werde Ihnen den Brief vorlesen, und das wird den Weg für den Vorschlag bereiten, den ich Ihnen machen werde."

Der alte Herr zog von seinem Schreibtisch einen Brief, der auf grobem Papier geschrieben und mit einer Handschrift adressiert war, die durch Alter oder Gebrechlichkeit zitterte.

Campville , Montana, abgestempelt .

Der Brief wurde an Gerald weitergeleitet, der wie folgt lautete:

„ HERR JOHN NUGENT — Wenn Sie sich die Unterschrift dieses Briefes ansehen , werden Sie den Namen eines Mannes erkennen, der Ihnen einst großes Unrecht angetan hat. Vor zwanzig Jahren war ich in der Firma angestellt, deren leitendes Mitglied Sie waren. Ich hatte Zugang zum Safe, und eines Tages beschlagnahmte ich Wertpapiere im Wert von 20.000 Dollar und floh. Sie haben die Polizei benachrichtigt, aber es gelang mir, mit meinen unrechtmäßig erworbenen Gewinnen davonzukommen. Ich besuchte verschiedene Teile des großen Westens, ließ mich aber schließlich nieder Unten an einem abgelegenen Ort in Montana. Seitdem bin ich hier. Einen Teil des Geldes habe ich bei einer Bank in Chicago hinterlegt, einen Teil habe ich mitgebracht. Damals wie heute war der Bergbau das Hauptgeschäft in Montana. Ich habe mich mit wechselndem Erfolg damit beschäftigt. Im Großen und Ganzen bin ich sehr erfolgreich gewesen. Wahrscheinlich habe ich mindestens fünfundzwanzigtausend Dollar in meinem Besitz.

„Aber ich war nicht glücklich. Ich habe das Leben eines Einsiedlers geführt, der durch meine eigene Tat von Freunden und der Gesellschaft abgeschnitten war, und mein Reichtum hat mir nichts Gutes gebracht. Mein Geschäft hat mich beschäftigt und mir auf diese Weise etwas gebracht." Meine einzige Linderung von Reue. In letzter Zeit war mein Gesundheitszustand schlecht und ich hatte das Gefühl, zusammenzubrechen. Ich bin wahrscheinlich ungefähr in Ihrem Alter, aber ich bin mir sicher, dass ich nicht lange leben werde. Ich habe einige entfernte Verwandte im Osten, aber Ich bin der Meinung, dass das Eigentum, das ich habe, als Sühne dem Mann überlassen werden sollte, dem ich Unrecht getan habe.

„Ich bin nicht in der Lage, nach Osten zu gehen. Wäre es für Sie möglich, hierher zu kommen und das Geld und Eigentum zu erhalten, das ich besitze, und mir nur genug zu hinterlassen, um mich durch die kurze Zeit, die ich noch zu leben habe, zu versorgen? Wenn nicht – wenn Sie, auch nicht in der Lage sind zu reisen – schicken Sie mir einen vertrauenswürdigen Freund, der in Ihrem Namen handelt? Wenn möglich, schicken Sie mir jemanden , der bis zum Ende bei mir bleibt. Es gibt hier grobe Leute, die mich ausrauben könnten. Zum Glück teilweise Aufgrund meiner schlechten Lebensweise sollte ich nicht viel Geld haben. Wahrscheinlich hält mich niemand für mehr als drei- bis viertausend Dollar. Ich fürchte die Zeit, in der ich ganz hilflos sein werde, denn dann wäre ich der Gnade ausgeliefert von Design und skrupellosen Parteien.

„Sie werden vielleicht überrascht sein, dass ich Ihre Adresse erfahren habe. Kürzlich traf ich auf einen Fremden aus dem Osten, der von Ihnen sprach und mir die gewünschten Informationen gab. Ich vertraue darauf, dass dieser Brief ankommt und dass Sie Lust haben werden, darauf zu reagieren." Es. Ich werde leicht sterben, wenn es mir selbst an diesem späten Tag gelingt, etwas für mein Fehlverhalten wiedergutzumachen.

"Hochachtungsvoll,

„ THOMAS NIXON ."

Gerald las diesen Brief mit Interesse, konnte aber nicht verstehen, inwiefern er irgendeinen Bezug zu ihm haben sollte.

„Was hältst du davon, Gerald?" fragte Herr Nugent.

„Der Mann scheint wirklich reuig zu sein", antwortete Gerald.

„Sie denken also, dass es aufrichtig und wahrhaftig erscheint? Sie würden wahrscheinlich darauf vertrauen?"

"Jawohl."

„Ich erinnere mich an diesen Mann, Nixon; er war ein vertrauenswürdiger Angestellter in unserer Bank, als ich Kaufmann in New York war. Wir waren alle erstaunt, als er sich als Dieb entpuppte; soweit wir wussten, hatte er weder schlechte Angewohnheiten noch einen extravaganten Geschmack ."

„Haben Sie die Polizei auf seine Spur gebracht?"

„Selbstverständlich wurde die Angelegenheit gemeldet, aber wir stellten fest, dass ein erheblicher Aufwand erforderlich war, um das Interesse zu wecken und die Polizeibeamten zu aktiven Bemühungen anzuspornen. Schließlich wurde die Suche aufgegeben und die Angelegenheit war fast vergessen."

„Dann hat die eingenommene Summe die Firma nicht in Verlegenheit gebracht?"

„Nur geringfügig und vorübergehend. Zwanzig Jahre sind vergangen, wie es in dem Brief heißt, und ich hatte Nixon und sein Verbrechen fast vergessen, bis mich dieser Brief erreichte."

Der alte Herr hielt inne und Gerald hätte am liebsten gefragt: „Was werden Sie dagegen tun?" aber Mr. Nugent kam ihm zuvor.

„Ich habe über diesen Brief und die Bitte des Verfassers nachgedacht, und es bringt mich in Verlegenheit. Natürlich kommt es für mich in meinem Gesundheitszustand nicht in Frage, nach Montana zu gehen."

„ Das nehme ich an, Sir. Sie könnten jemanden schicken ."

jemanden gedacht. Aber, teilweise aus gesundheitlichen Gründen, habe ich mich aus der Gesellschaft und aus dem Geschäft zurückgezogen und Eigentlich fällt mir niemand ein, dem ich eine so schwere Verantwortung anvertrauen möchte."

Gerald ging durchaus auf seine Gefühle und Ansichten ein, konnte aber keinen Vorschlag machen. Von dem, was Herr Nugent im Kopf hatte, hatte er nicht die geringste Ahnung.

„Du wirst etwas tun wollen?" er sagte. „Eine solche Summe ist es wert, gesichert zu werden."

" So würden die meisten Leute sagen. In meinem Fall, da ich über reichliche Mittel verfüge, ist es weniger wahrscheinlich, dass ich von dieser Überlegung beeinflusst werde. Wenn ich der Bitte des Autors nachkomme, besteht mein Hauptziel darin, ihm Erleichterung zu verschaffen, indem ich es ihm ermögliche, etwas zu tun Sühne für sein Vergehen. Erst heute Nachmittag fiel mir jemand ein, den ich als meinen Agenten nach Montana schicken könnte.

„Ist es jemand, den ich kenne?" fragte Gerald.

Herr Nugent lächelte.

„Wahrscheinlich kennst du ihn besser als jeder andere auf der Welt. Ich meine dich selbst!"

Gerald zuckte verblüfft zusammen.

"Du meinst es ernst?" er hat gefragt.

"Ja."

„Aber ich bin nur ein Junge."

„Stimmt, aber du bist ein guter, vernünftiger, zuverlässiger Junge. Wie alt bist du?"

„Sechzehn, Sir."

„ Das vermute ich. Die Eigenschaften, die ich erwähnt habe, sind keine Frage des Alters. Manchmal ist ein Junge zuverlässiger als ein Mann."

„Ich danke Ihnen vielmals für Ihre gute Meinung über mich", sagte Gerald; „Ich fürchte, du denkst zu gut von mir."

„Es mag sein, aber ich habe großes Vertrauen in dich."

„Ich bin sehr jung für eine so verantwortungsvolle Kommission."

„Das stimmt. Ich wünschte, du wärst älter, aber das ist eine Angelegenheit, die nicht beschleunigt werden kann. Das Fazit ist, dass ich, wenn du im Stich gelassen wirst, niemanden kenne, dem ich vertrauen würde. Entweder du oder keiner. Sind Sie bereit, die Aufgabe zu übernehmen?"

„Ja, Sir, wenn Sie mich für kompetent halten. Ich bin nicht nur dazu bereit, sondern werde es auch sehr gerne tun."

„Sind Sie ganz sicher, dass es Ihnen genauso gefallen wird wie der Aufenthalt bei Mr. Tubbs?"

Herr Nugent sagte dies mit einem Lächeln.

„Ich sollte auf keinen Fall bereit sein, bei Mr. Tubbs zu bleiben."

„Wann verlässt du ihn?"

"Morgen Abend."

„Sehr gut. Ich werde dich für den Start nach Montana am Montag vorbereiten."

Als Gerald nach Hause kam, war es fünf Minuten nach zehn Uhr. Abel traf ihn an der Tür.

„Ma sagt, sie will nicht, dass du so spät nach Hause kommst ", sagte er. „Sie wird es dir geben!"

# KAPITEL XVI
# FRAU. LANES ÜBERRASCHUNG

ANGESICHTS seiner neuen und glänzenden Aussichten beunruhigten Gerald Abels Worte nicht besonders. Er machte sich nicht die Mühe zu antworten, sondern ging sofort ins Wohnzimmer, wo ihn Mrs. Lane mit gerunzelter Stirn erwartete.

„Das ist eine schöne Zeit, nach Hause zu kommen", sagte sie abrupt.

„Es ist ziemlich spät, Mrs. Lane", sagte Gerald ruhig, „aber ich konnte nicht früher nach Hause kommen."

„Bist du gleich nach Ladenschluss aus dem Laden gekommen?"

„Nein, meine Dame."

„Ich nehme an, Sie sind ins Billardzimmer gegangen; ich verstehe, dass Sie diesen verrufenen Ort häufig besuchen."

„Dann sind Sie falsch informiert. Ich war eines Abends mit Mr. Brandon, dem Angestellten von Mr. Tubbs, dort."

„Wo bist du dann hingegangen?"

„Zu Mr. Nugent."

„Sie scheinen mit Mr. Nugent eine ziemlich vertraute Beziehung aufgebaut zu haben", sagte seine Stiefmutter mit einem höhnischen Grinsen.

„Ich hoffe, Sie halten ihn nicht für einen anrüchigen Menschen, Mrs. Lane."

„Sie sind unverschämt. Sie haben kein Recht, ihn durch verspätete Besuche zu ärgern."

„Das tue ich nicht. Er freut sich immer, mich zu sehen; besonders heute Abend hatte er ein Geschäft, das er mit mir besprechen wollte."

Abel lachte.

„Hör ihn reden, Ma!" er sagte. „Genauso als ob Mr. Nugent mit Gerald über Geschäfte reden würde!"

Gerald hielt es nicht für nötig, auf diese böswillige Bemerkung zu antworten.

„Ich war heute bei Mr. Tubbs", sagte Mrs. Lane.

Gerald sah sie fragend an.

„Und er hat zugestimmt, Sie zu behalten. Er denkt immer noch, dass Sie die Geldschublade ausgeraubt haben, ist aber geneigt zu glauben, dass Sie den Diebstahl nicht wiederholen werden."

„Ich bin ihm zu großem Dank verpflichtet, da bin ich mir sicher."

„Sie haben Grund dazu. Es gibt nicht viele Arbeitgeber, die ein solches Vergehen übersehen würden. Ohne seine Empfehlung könnten Sie natürlich keine andere Stelle bekommen."

Gerald antwortete nicht. Er wartete ab, was Mrs. Lane noch zu sagen hatte.

„ Deshalb werden Sie weiterhin im Lebensmittelladen arbeiten."

„Sie müssen mir entschuldigen, dass ich das nicht tun werde, Mrs. Lane."

„Du traust dich, das zu sagen?" rief seine Stiefmutter und errötete vor Empörung.

"Ja Madame."

„Erwarten Sie, dass ich Sie ohne Arbeit unterstütze? Wenn ja, werden Sie enttäuscht sein. Ich werde Ihnen kein Zuhause bieten, wenn Sie es wagen, sich meinem Willen zu widersetzen."

„Das wird nicht nötig sein, Mrs. Lane. Ich habe eine andere Situation erreicht."

"Was?" rief seine Stiefmutter aufrichtig überrascht aus.

„Für wen wirst du arbeiten?" fragte Abel, seine Neugier war geweckt.

„Für Herrn Nugent."

„Wie viel wird er dir zahlen?"

"Ich weiß nicht."

„Und auch sonst niemanden , schätze ich. Was kann er für Sie tun?"

„Es steht mir noch nicht frei, es zu sagen."

„Es kommt mir so vor, Gerald Lane, dass ich in dieser Angelegenheit eine gewisse Stimme habe. Ich werde nicht zulassen, dass du einen Platz aufgibst, es sei denn, du willst einen gleich guten bekommen."

„Obwohl ich nicht weiß, wie viel ich bekommen werde, habe ich keinen Zweifel daran, dass es deutlich mehr sein wird, als Mr. Tubbs mir zahlt."

Gerald hätte nichts Besseres sagen können, um die Einwände seiner Stiefmutter gegen seinen neuen Plan auszuräumen.

„Sehr gut“, sagte sie und beruhigte sich, „wenn das der Fall ist, weiß ich nicht, ob ich Einwände erheben werde. Hast du keine Ahnung, was du tun sollst?“

„Ja, ich habe eine Idee.“

„Dann erzähl mir alles darüber.“

„Es steht mir nicht frei, das zu tun. Sie könnten Mr. Nugent anrufen und ihn fragen.“

"Ich werde das so machen."

Gerald lächelte vor sich hin. Er wusste, dass Mrs. Lane von dem alten Herrn kaum etwas erfahren würde.

Da Mrs. Lane nichts mehr zu sagen hatte, meinte sie, es sei höchste Zeit, dass sie alle ins Bett gingen. Gerald war durchaus bereit, die Gelegenheit zu nutzen, denn er war müde. Außerdem wollte er Gelegenheit haben, über die neuen und brillanten Aussichten, die vor ihm lagen, nachzudenken.

Am nächsten Tag wurde Herr Nugent von einem Anruf von Frau Lane überrascht.

Er hob den Blick ein wenig, als sie in seine Gegenwart geführt wurde. Er kannte sie vom Sehen, hatte jedoch nie mit ihr gesprochen, abgesehen von formellen Grüßen.

„Ich muss mich dafür entschuldigen, dass ich Sie störte, Mr. Nugent“, sagte sie, „aber einige Informationen, die mir Gerald, mein Stiefsohn, gegeben hat, veranlassen mich dazu.“

Herr Nugent verneigte sich und wartete darauf, mehr zu hören.

„Gerald hat mir gestern Abend mitgeteilt, dass Sie ihm eine Anstellung angeboten haben. Ich wusste nicht, ob ich seiner Aussage vertrauen sollte.“

"Warum nicht?" fragte der alte Herr knapp.

„Weil ich dachte, es wäre vielleicht nur ein Vorwand, Mr. Tubbs zu verlassen.“

„Gerald ist zur Lüge unfähig.“

„Ich freue mich, dass Sie eine so gute Meinung von ihm haben. Verstehe ich dann, dass Sie ihm eine Anstellung angeboten haben?“

"Ich habe."

„Von welcher Art?“

„Entschuldigen Sie, aber die Angelegenheit ist vertraulicher Natur.“

„Als Stiefmutter des Jungen habe ich sicherlich ein Recht auf Informationen zu diesem Punkt.“

„Sie haben kein Recht, in meine Privatangelegenheiten einzudringen, Mrs. Lane.“

Seine Besucherin biss sich vor Verärgerung auf die Lippen.

„Gerald wusste nicht einmal, wie viel Gehalt er bekommen sollte.“

„Nein, er weiß es nicht.“

„Er erhält drei Dollar pro Woche von Mr. Tubbs.“

„Und es ist Ihnen egal, ob er für weniger Geld arbeitet?“ sagte Herr Nugent mit einem Lächeln.

"Genau."

„Dann können Sie beruhigt sein. Auch wenn ich selbst nicht weiß, wie viel ich ihm zahlen werde, wird es mehr sein.“

„Das ist natürlich zufriedenstellend. Ich nehme an, Sie wissen, welchen Vorwurf Mr. Tubbs gegen Gerald erhoben hat?“

„Das tue ich; aber niemand, der den Jungen kennt, wird auch nur einen Moment daran denken, es zu würdigen.“

„Ich nahm an, dass Sie das dachten, sonst würden Sie ihm keine Anstellung anbieten. Haben Sie vor, ihn in Ihrem Haus zu beschäftigen?“

"NEIN."

„Dann verstehe ich nicht, was Sie für ihn tun können.“

„Ich kann Ihnen so viel sagen, Mrs. Lane: Ich werde Gerald an einen weit entfernten Ort schicken, um ein Geschäft für mich abzuwickeln, da ich aufgrund meines Alters und Gebrechens nicht in der Lage bin, die Reise selbst anzutreten.“

Mrs. Lane war sehr überrascht. Sie erkannte, dass der Auftrag wünschenswert war und hätte ihn gerne für ihren eigenen Sohn gesichert.

„Ich weiß nicht, ob Sie eine kluge Wahl des Boten getroffen haben, Herr Nugent. Mein Sohn Abel ist so alt wie Gerald.“

„Das mag sein, aber ich habe nicht das Vergnügen, deinen Sohn zu kennen. Gerald und sein Vater sind schon seit einiger Zeit Freunde von mir.“

„Wann wolltest du, dass Gerald anfängt?“

"Am Montag."

„Das ist kurzfristig. Ich weiß nicht, ob ich seine Kleidung fertig haben kann.“

„Kümmere dich nicht darum. Ich möchte dich in dieser Angelegenheit nicht in Schwierigkeiten bringen. Er kann nehmen, was fertig ist, und andere kaufen, wenn er Bedarf hat.“

„Wird es wahrscheinlich sein, dass er lange weg bleibt?“

„Seit einiger Zeit“, antwortete Herr Nugent auf unbestimmte Zeit.

„Nun, ich vertraue darauf, dass er Sie zufriedenstellen wird“, sagte Mrs. Lane, als sie aufstand, um zu gehen.

„Ich habe großes Vertrauen, dass er es schaffen wird.“

In der Zwischenzeit nutzte Mr. Tubbs die Gelegenheit, mit Gerald über sein Bleiben zu sprechen.

„Deine Mutter war gestern hier, um mich zu sehen, Gerald“, begann er.

„Meine Stiefmutter“, korrigierte Gerald.

„Oh, nun ja, es ist alles das Gleiche.“

„Das glaube ich nicht.“

„Sie ist eine sehr vernünftige Frau. Ich habe mit ihr vereinbart, dich zu behalten. Es gibt einige, die das nach dem, was diese Woche passiert ist, nicht tun würden; aber ich möchte nicht zu hart zu dir sein, wenn man bedenkt, dass du so jung bist und ich . “ sagte, ich würde dich behalten, im Vertrauen darauf , dass hier danach alles zufriedenstellend sein wird.

„Mr. Tubbs, dazu habe ich etwas zu sagen. Ich werde Sie heute Nacht verlassen.“

„Aber deine Mutter wird es nicht zulassen. Du bist nur ein Junge und –“

„Ich werde am Montag für Mr. Nugent arbeiten, Mr. Tubbs.“

„Was kann er für Sie tun?“ fragte der Lebensmittelhändler überrascht.

„Ich soll für ihn eine Reise unternehmen und mich um ein Geschäft kümmern.“

„Das ist Cu'rus . Was kann ein Junge wie du tun?“

„Du musst ihn fragen.“

„Können Sie ihn nicht eine Woche lang vertrösten? Ich habe niemanden, der Ihren Platz einnimmt.“

„Sie könnten Richard Childs bekommen, aber Sie müssten ihm mehr bezahlen. Er ist ein guter, starker Junge.“

„Ja, das könnte er tun; aber ich würde dich gerne noch eine Woche länger behalten.“

„Es wird unmöglich sein, Mr. Tubbs.“

Als Gerald am Abend mit drei Dollar in der Tasche das Lebensmittelgeschäft verließ, war er froh, sich von einem Ort verabschieden zu können, der ihm so unangenehm vorgekommen war.

# KAPITEL XVII
# GERALD VERLÄSST PORTVILLE

AUF dem Weg zur Kirche traf Gerald am nächsten Tag auf Richard Childs, einen kräftigen, männlichen Jungen von sechzehn Jahren.

„Ich möchte mit dir sprechen, Gerald", sagte Richard. „Mr. Tubbs hat mir einen Platz in seinem Laden angeboten. Ich möchte ihn nicht annehmen, bis ich erfahren habe, ob ich Ihnen die Anstellung entziehe."

„Nein, Dick. Ich habe Herrn Tubbs mitgeteilt, dass ich ihn verlassen muss."

„Gehst du wieder zur Schule?"

„Nein, Mr. Nugent bietet mir eine Anstellung an."

Richard sah verwirrt aus.

„Was will er mit einem Jungen?"

„Ich werde für ihn geschäftlich reisen. Sie dürfen nicht nach Einzelheiten fragen, denn das Geschäft ist privat."

„In Ordnung. Dann werde ich annehmen; aber ich habe Mr. Tubbs gesagt, dass er mir vier Dollar zahlen muss."

"Was hat er gesagt?"

„Er hat eine Stunde lang geredet, aber mein Vater hat mich unterstützt und er muss dafür bezahlen."

Mrs. Lane und Abel unternahmen verschiedene Versuche, von Gerald den Namen des Ortes zu erfahren, zu dem er ging, aber er weigerte sich standhaft, es zu verraten.

„Ich weiß es nicht, aber ich werde meine Zustimmung zu Ihrer Abreise verweigern", sagte seine Stiefmutter.

„In diesem Fall werde ich zu Hause nichts tun."

„Vielleicht schicke ich Sie zurück zu Mr. Tubbs."

„Er hat bereits Richard Childs an meiner Stelle engagiert."

„Ich wünschte, ich würde mit dir gehen", sagte Abel. „Es ist furchtbar dumm in Portville."

„Ich werde dir ein Geschenk nach Hause bringen, Abel", sagte Gerald.

Abel hellte sich auf. Er war von Natur aus ein geiziger Junge und bereit, alles zu akzeptieren, was ihm in den Weg kam.

„Dann hoffe ich, dass du bald zurückkommst", sagte er.

"Danke schön!"

Der Zug, in dem Gerald Passagier sein sollte, sollte Portville um zehn Uhr verlassen. Gerald hatte eine Einladung zum Frühstück bei Mr. Nugent, um letzte Anweisungen zu erhalten und mit Geld versorgt zu werden.

„Ich habe hier nur fünfzig Dollar, Gerald", sagte der alte Herr, „aber ich werde Ihnen einen Scheck der Park National Bank of New York über hundertfünfzig ausstellen. Wahrscheinlich wird das für Sie ausreichen, bis Sie Ihr Ziel erreichen." ."

„Das scheint mir eine Menge Geld zu sein, Herr Nugent."

„Reisen ist teuer, und es ist nicht notwendig, dass Sie sparsam sind. Ich möchte, dass Sie sich wohl fühlen. Am besten tragen Sie Ihr Geld an verschiedenen Orten und nicht alles in Ihrer Handtasche. Haben Sie eine Innentasche in Ihrer Tasche?" Weste?"

„Ja, Sir, aber ich habe davon nie Gebrauch gemacht."

„Ich werde meine Haushälterin bitten, einen Knopf anzubringen und ein Knopfloch zu machen, um die Sicherheit zu erhöhen. Du kannst eine meiner Westen tragen, während sie das macht."

„Werde ich Schwierigkeiten haben, das Geld von der Bank abzuheben?"

„Nein, ich werde den Scheck indortieren und an Sie auszahlen."

Er zog einen Scheck über einhundertfünfzig Dollar und bestätigte ihn auf diese Weise. Auf der Rückseite schrieb er: „Richtig. John Nugent."

„Sie werden jetzt keine Probleme mehr haben", sagte er. „Sie werden New York vor zwölf Uhr erreichen und können den Scheck genauso gut einlösen und Ihr Ticket nach Chicago kaufen. Für den Rest des Tages können Sie gehen, wohin Sie wollen. Ich rate Ihnen, vorsichtig und umsichtig zu sein Sie werden eine beträchtliche Menge Geld in Ihrem Besitz haben.

Als Gerald den Bahnhof erreichte, fand er Abel auf dem Bahnsteig. Abel folgte ihm zum Ticketschalter und hörte zu, während er nach einem Ticket nach New York rief.

„ Also gehst du nach New York?" er sagte.

„Ja", antwortete Gerald.

„Ich wünschte, Mama würde mich mit dir gehen lassen. Ich nehme an , dass du vor Ende der Woche zurück bist?"

„Ich weiß nicht, wie lange es dauern wird, mich um Mr. Nugents Angelegenheiten zu kümmern."

„Wenn du das geschafft hast, bist du arbeitslos", sagte Abel voller Vorfreude.

„So weit voraus rechne ich nicht. Nun ja, da ist der Zug. Auf Wiedersehen!"

„Bis dann! Schreiben Sie mir, wenn Sie die Gelegenheit dazu haben."

„Das kann ich nicht versprechen."

Der Zug fuhr los und Abel sah ihm nach, bis er außer Sichtweite war.

„Ich wünschte, ich wüsste, wohin Gerald geht und was er tun wird. Ich frage mich, ob es genug Arbeit für zwei gibt? Ich hätte große Lust, den alten Nugent aufzusuchen und ihn zu fragen."

Herr Nugent war ziemlich überrascht, als der Diener heraufkam und ihm sagte, dass unten ein Junge sei, der ihn sehen wollte.

„Es kann nicht Gerald Lane sein, der zurückkommt!" er sagte zu sich selbst.

Als Abel den Raum betrat, stellte Herr Nugent froh fest, dass dieser Verdacht unbegründet war.

„Guten Morgen, junger Mann", sagte er. „Willst du mich sehen?"

"Jawohl."

„Ich glaube nicht, dass ich dich kenne."

„Ich bin Abel Tyler, Stiefbruder von Gerald Lane."

„Oh ja! Ich glaube, ich habe Sie gestern in Mrs. Lanes Bank gesehen."

„Ich habe Gerald gerade nach New York geschickt."

„Und bist gekommen, um mir davon zu erzählen? Du bist sehr nett."

„Ja, Sir. Ich nehme an, Gerald wird sich in New York um ein Geschäft für Sie kümmern?"

„Ja", antwortete der alte Herr ruhig.

„Ich dachte, es gäbe vielleicht genug Geschäfte für zwei Personen. In diesem Fall wäre ich sehr froh, mich ihm anzuschließen und zu helfen."

„Sie sind sehr rücksichtsvoll. Sollte das der Fall sein, kann ich Sie nachholen. “

„Ja, Sir“, antwortete Abel eifrig.

„Ich nehme an, deine Mutter hätte nichts dagegen, dass du das unternimmst?“

„Nein, Sir. Ich kenne New York besser als Gerald. Er war nie öfter als zwei- oder dreimal dort.“

„Das werde ich im Hinterkopf behalten.“

John Nugent las weiter die Morgenzeitung und Abel fühlte sich entlassen. Er stand auf, verabschiedete sich unbeschwert von Herrn Nugent und verließ das Haus.

„Das könnte zu etwas führen“, sagte er sich selbstgefällig. „Der alte Mann schien von meinem Aussehen ziemlich beeindruckt zu sein.“

Es ist gut, dass Abel nicht wusste, wie Mr. Nugent wirklich beeindruckt war. Auf dem Heimweg betrat er den Lebensmittelladen.

„Nun, Mr. Tubbs, ich habe Gerald gerade verabschiedet“, sagte er.

"Wo ist er hingegangen?" fragte der Lebensmittelhändler, nicht ohne Neugier.

„Er ist nach New York gereist, um für Mr. Nugent ein Geschäft zu erledigen.“

„Geschäft! So ein Junge! Der alte Mann muss verrückt sein.“

„Das denke ich selbst. Aber für Gerald ist es eine gute Sache.“

„Das weiß ich nicht. Es wird wahrscheinlich nicht länger als eine Woche dauern.“

„Nun, das ist schon etwas.“

„Und dann wird er arbeitslos sein. Er wäre besser bei mir geblieben.“

„Das hat meine Mutter gedacht, aber Gerald ist sehr eigensinnig.“

„Er wird kommen und mich bitten, ihn zurückzubringen“, sagte Mr. Tubbs, „aber ich weiß nicht, wie ich kann. Ich habe einen Jungen. Richard, du kannst vielleicht einen Scheffel Kartoffeln mitbringen.“ Mrs. Scott. Vielleicht gibt es noch ein paar andere Artikel zum Mitnehmen. Sie können Mr. Brandon fragen.

„Wirst du mitfahren?“ fragte Abel.

„Ja, ich werde mit dem Wagen fahren.“

"Darf ich mit dir gehen?"

„Wenn Sie wollen“, antwortete Richard ohne große Eifer.

Unterdessen setzte Gerald seinen Weg in die große Stadt fort. Er genoss die Reise und seine Stimmung besserte sich, als er schnell weiterraste. Schließlich erreichte er das Grand-Central-Depot und verließ zusammen mit den übrigen Passagieren den Zug.

Gleich draußen stürzte er sich mit einem Stiefelputzer hinein, ein lebhaftes Exemplar des New Yorker Stils.

„Hast du Glanz, Land?“ er hat gefragt.

Gerald lächelte.

„Ich habe meine Stiefel geschwärzt, bevor ich wegkam.“

„Nennen Sie das einen Glanz?“ sagte der Junge verächtlich. „Sie verstehen das Geschäft nicht.“

„Können Sie es besser machen?“

„Ich werde sie zum Leuchten bringen, damit du dein Gesicht darin sehen kannst . “

„Dann machen Sie weiter.“

Der Junge fing an und hielt sein Wort.

"Wie ist das?" er hat gefragt.

„Es ist der beste Glanz, den ich je hatte. Was kostet es?“

„ Normalerweise bekomme ich fünf Cent, aber ich habe einen Termin bei der Bank und hätte gern zehn.“

„In Ordnung, Sie sollen es haben. Können Sie mir jetzt sagen, wo ich die Park National Bank finden kann?“

„Das ist die Bank, auf der mein Geldschein ist. Nimm die Autos und sie bringen dich dorthin.“

Er zeigte auf ein Auto, das gerade vorbeifuhr, und Gerald stieg ein.

In weniger als einer halben Stunde betrat er die Parkbank und machte sich auf den Weg zum Zahler.

# Kapitel XVIII
# Eine neue Bekanntschaft

„ WIE willst du es haben?" fragte der Kassierer.

„In Fünfern und Zehnern."

Nach kurzer Zeit wurde Gerald eine dicke Rolle Geldscheine ausgehändigt, die er in seine Innenwestentasche steckte.

Ein Mann direkt hinter ihm wartete darauf, dass er an die Reihe kam, und Gerald wandte sich ab und verließ die Bank. Er hätte sich weniger ruhig gefühlt, wenn er gewusst hätte, dass er von einem großen, dünnen Mann beobachtet wurde, der in der Nähe der Tür schwebte. Als Gerald die Bank verließ , folgte ihm dieser Mann in einiger Entfernung. Gerald blieb an einem Straßenstand stehen, wo Messer zu günstigen Preisen ausgestellt waren. Er kaufte eins mit drei Klingen für fünfzig Cent, bog in die Ann Street ein, die jetzt von Händlern bewohnt war, die ihre Bestände im Handel mit Wagen ausstellten, und ging langsam und neugierig an den ausgestellten Waren interessiert entlang.

Er betrachtete gerade einige Brieftaschen, als der große Mann, der seinen Wahlkampf arrangiert hatte, ihm auf die Schulter klopfte.

Gerald drehte sich überrascht um.

„Wie geht es dir, Jack? Wann bist du in die Stadt gekommen?" fragte der Mann herzlich.

„Du hast einen Fehler gemacht", sagte Gerald. „Mein Name ist nicht Jack."

„ Sind Sie nicht Jack Mortimer aus New Rochelle?" sagte der andere offensichtlich überrascht.

„Nein; mein Name ist Gerald Lane."

„Ich bitte um Verzeihung, Mr. Lane, aber Sie sind das genaue Bild von Jack. Jack ist ein gut aussehender Junge von sechzehn Jahren und mein sehr guter Freund."

Gerald war ein Mensch, und diese geschickte Schmeichelei beeindruckte ihn positiv.

„Dann tut es mir leid, dass ich nicht Jack bin", sagte er lächelnd.

„Du brauchst dir keinen anderen zu wünschen", sagte der Mann bedeutungsvoll. „Dann kommen Sie nicht aus New Rochelle?"

„Nein, ich komme aus Portville."

„Portville?" wiederholte der andere nachdenklich. „Ich glaube nicht, dass ich jemanden in Portville kenne. Ich nehme an, Sie sind für einen Tag in der Stadt?"

„Vielleicht bleibe ich länger."

„Ich wünschte, du hättest die Zeit, bei mir vorbeizuschauen. Ich möchte, dass meine Frau dich sieht. Sie kennt Jack Mortimer gut, und ich bin gespannt, ob sie sich durch die Ähnlichkeit mit mir täuschen lässt. Übrigens , lass mich mich vorstellen. Mein Name ist Brand – William Brand."

„Ich freue mich, Sie kennengelernt zu haben, Herr Brand."

„Glaubst du nicht, du könntest zu mir nach Hause gehen und zu Mittag essen?"

"Wo wohnst du?" fragte Gerald.

Ihm kam der Gedanke, dass er wirklich nichts hatte, was seine Zeit in Anspruch nehmen könnte, und es vielleicht angenehm finden würde, Mr. Brands Einladung anzunehmen.

„In der West Twelfth Street, in der Nähe der Sixth Avenue. Wir könnten mit den Autos der Sixth Avenue hochfahren. Wenn Sie sich in New York nicht auskennen, könnte ich Ihnen unterwegs vielleicht einige Sehenswürdigkeiten zeigen. Aber es ist noch ziemlich früh. Gibt es hier unten irgendetwas, was ich dir zeigen könnte?"

„Ich wollte schon immer die Brooklyn Bridge überqueren."

„Es ist ganz in der Nähe. Komm mit mir und wir werden es überqueren."

„Ich möchte Ihre Zeit nicht in Anspruch nehmen, Herr Brand."

„Erwähnen Sie es nicht. Ich habe diese Woche jedenfalls Urlaub, damit es mir keine Unannehmlichkeiten bereitet."

„Dann werde ich Ihre freundliche Einladung annehmen."

Der Mann drehte sich um und ging voran die Nassau Street hinauf und dann am World Building vorbei, bis er den Eingang zur Brücke erreichte. Gerald betrachtete es mit großem Interesse.

„Eines erinnere ich mich im Zusammenhang mit der Brücke", sagte Brand. „Ich war der erste Mann, der es an dem Tag überquerte, als es der Öffentlichkeit zugänglich gemacht wurde."

„Ist das wirklich so?"

„Tatsache, das versichere ich Ihnen. Ich wurde in der Menge fast erdrückt, aber ich war fest entschlossen, es zu tun, und es gelang mir.“

Sie gingen die Treppe hinauf und Brand kaufte zwei Bahntickets und bestand darauf, beide zu bezahlen.

„Wenn wir Zeit hätten, würden wir es angenehm finden, zu Fuß zu gehen“, sagte er, „aber es würde eine ganze Weile dauern, und ich möchte dich in die Stadt bringen.“

Gerald hatte das Gefühl, dass er sich glücklich schätzen konnte, einen so angenehmen und zuvorkommenden Begleiter kennengelernt zu haben. Er hat Brand nicht kritisch untersucht, sonst hätte er sich möglicherweise keine so positive Meinung über ihn gebildet. Er hatte ein langes, schmales Gesicht, sehr dunkel, und seine Augen standen sehr nahe beieinander. Aber Gerald war in der Physiognomie nicht bewandert, und es kam ihm nie in den Sinn, an der Aufrichtigkeit und dem guten Willen von Herrn William Brand zu zweifeln.

Als sie über die Brücke fuhren, zeigte Brand auf verschiedene Objekte und Gebäude und machte Gerald lachend auf den riesigen Stuhl aufmerksam, der sich damals in der Nähe des Brooklyner Endpunkts der Brücke befand.

„Das ist der Stuhl des Bürgermeisters“, sagte er.

„Er muss ein ungewöhnlich großer Mann sein“, sagte Gerald, „wenn er einen so großen Stuhl braucht.“

Als sie Brooklyn erreichten, gingen sie ein kurzes Stück die Fulton Street entlang, und dann schlug Brand vor, zurückzukehren.

„Brooklyn ist eine große Stadt“, sagte er, „und wir können es uns nicht leisten, sie in ein paar Minuten zu besichtigen. Wir werden die Autos zurückbringen und dann zu meinem Haus in der Stadt fahren.“

„Sehr gut, Herr Brand“, antwortete Gerald.

Sie bestiegen ein Rückfahrauto, Brand zahlte erneut den Fahrpreis.

„Ich möchte nicht, dass Sie für mich bezahlen, Mr. Brand“, sagte Gerald.

„Oh, das ist alles in Ordnung“, sagte Brand nachlässig. „Sie können in den Autos der Sixth Avenue auf der anderen Seite bezahlen.“

„Du bist auf jeden Fall sehr nett zu mir.“

„Erwähne es nicht. Du scheinst kein Fremder zu sein; du scheinst Bill Mortimer so ähnlich zu sein.“

„Ich dachte, du hättest gesagt, sein Name sei Jack Mortimer.“

„ So ist es. Ich bin bei Namen sehr unsicher. Vielleicht liegt es daran, dass ich alt werde.“

Dies schien eine plausible Erklärung für seinen Versprecher zu sein, und Gerald akzeptierte sie.

Sie verließen die Brücke und überquerten den Rathauspark. Beim Überqueren wurde Brand von einem schlecht aussehenden Mann mit einem Gipsabdruck im Auge angesprochen.

"Freund von dir?" fragte er und starrte Gerald an.

"Ja."

„Stellen Sie mich vor, nicht wahr?“

„Ein anderes Mal“, murmelte Brand und schien nicht sehr erfreut zu sein.

„Ich verstehe. Du willst ihn ganz für dich alleine haben“, und er zwinkerte auf unangenehme Weise.

Brand wünschte ihm hastig einen guten Tag und eilte Gerald durch den Park.

„Ist das ein Freund von dir?“ fragte Gerald neugierig.

„Nein, oder besser gesagt, er war es einmal. Er war ein alter Schulkamerad von mir, und obwohl er sich nicht besonders gut entwickelt hat, kann ich ihn nicht kalt abschütteln.“

Für Gerald war das ein neuer Ausdruck, aber er hatte keine Schwierigkeiten, ihn zu verstehen.

„Es tut mir leid, sagen zu müssen, dass er ein Opfer von Unmäßigkeit ist“, fuhr Brand fort. „Ich hoffe, du trinkst nicht?“

„Nein, ganz bestimmt nicht“, antwortete Gerald.

„Ich auch nicht. Als junger Mann habe ich davon getrunken, aber bald erkannte ich die Torheit davon und brach es ab.“

Der Auftritt von Herrn Brand hat ihn bei dieser Aussage kaum entmutigt. Seine Nase war deutlich rot und sein Teint fleckig. Dennoch zweifelte Gerald nie an seiner Zuversicht. Er begann, Brand für einen Mann mit vorbildlichen Gewohnheiten zu halten.

Sie nahmen die Autos der Sixth Avenue in der Nähe des Astor House und fuhren stadtaufwärts. Brand gab dem Schaffner ein Zeichen, an der Twelfth Street anzuhalten, und bog dann in Richtung Seventh Avenue ab. Er hielt an einem Backsteinhaus auf halber Höhe des Blocks an und öffnete die Tür mit einem Hauptschlüssel. Der Flur, in den er sie führte, war ziemlich schmuddelig, und das Innere erinnerte an ein Mietshaus.

„Ich bin mit diesem Haus nicht sehr zufrieden", sagte Brand, „und ich werde wahrscheinlich bald etwas ändern. Ich bin hierher gekommen, um der Vermieterin, einer alten Freundin von mir, einen Gefallen zu tun, und hatte Schwierigkeiten, die Miete zu bezahlen." . Ich wünschte, ich könnte auf dem Land leben. Dort ist alles so viel ordentlicher. Ich bin auf dem Land geboren, aber mein Geschäft erfordert, dass ich in New York lebe."

„Ich glaube nicht, dass ich gerne in der Stadt leben würde", sagte Gerald.

„ Natürlich ist es ein besserer Ort für einen Geschäftsmann. Sie können mit der Zeit hierher kommen, um zu leben."

"Vielleicht."

Zu diesem Zeitpunkt hatten sie ein Zimmer im dritten Stock erreicht. Brand öffnete die Tür und ging hinein. Es war ein langer, schmaler Raum mit einem Fenster am Ende und sehr schlicht eingerichtet. Das Bett schien nicht gemacht zu sein und über der Stuhllehne hing ein schmutziges Handtuch. Gerald war sicherlich überrascht. Er ging davon aus, dass Brand ein gemütliches Zuhause hatte. Tatsächlich glaubte er, ein ganzes Haus zu bewohnen, wie es bei denen der Fall war, die er in Portville kannte.

„Ist Ihre Frau nicht zu Hause?" fragte er, denn er sah keine Anzeichen einer Frauenbeschäftigung.

"Meine Frau?" fragte Brand und sah überrascht aus.

„Ja, Sie sagten, Sie wollten, dass Ihre Frau mich sieht, weil ich Jack Mortimer ähnlich bin."

„Oh ja, natürlich. Es kam mir nicht in den Sinn, dass meine Frau nach Brooklyn gefahren war, um den Tag zu verbringen."

Etwas in seinem Tonfall und in der Umgebung erregte zum ersten Mal Geralds Misstrauen.

„Ich denke, wenn das der Fall ist, Herr Brand, werde ich nicht bleiben", sagte er.

Brand antwortete nicht, sondern schloss absichtlich die Tür ab und steckte den Schlüssel in die Tasche.

# KAPITEL XIX
## Ein dreister Raub

„ WAS bedeutet das, Herr Brand?" forderte Gerald mit schnellem Misstrauen.

Brand setzte sich aufs Bett und antwortete lächelnd:

„Das bedeutet, dass ich dein Geld will, junger Mann."

„Woher weißt du, dass ich welche habe?"

„Ich war in der Park National Bank, als Sie heute Morgen Geld abgehoben haben. Ich will es."

„ Du bist also ein Dieb?" erwiderte Gerald hitzig. „Du würdest einen Jungen ausrauben?"

„Ich würde jeden ausrauben, der Geld hat. Tatsache ist, dass ich in Not bin und irgendwo Geld besorgen muss."

„Und das war Ihr Ziel, mich kennenzulernen und mich durch die Stadt zu führen."

„Ja, Sie haben es erraten."

„Das Geld, das ich habe, gehört nicht mir. Wenn ich eigenes Geld hätte, würde ich es dir geben."

„Es ist mir egal, ob das Geld dir oder dem Bürgermeister gehört. Ein Dollar ist ein Dollar, egal wem er gehört. Also gib her, junger Mann, und lass mich nicht warten."

„Ist es möglich, dass solche Verbrechen in einer großen Stadt begangen werden, in der es Hunderte von Menschen gibt?"

„Das ist ein Rätsel. Ich kann dies jedoch bejahen. Wie viel Geld haben Sie nun?"

Das Geld, das Gerald von der Bank abgehoben hatte, hatte er in seine Innenwestentasche gesteckt. Das belief sich, wie der Leser weiß, auf einhundertfünfzig Dollar. Das Geld, das er aus Portville mitgebracht hatte, hatte er in seiner Brieftasche, und diese belief sich auf nur fünfzig. Der Verlust würde ihm keine Unannehmlichkeiten bereiten. Er beschloss, notfalls darauf zu verzichten. Gerald fragte sich, ob Brand gesehen hatte, wie er das Geld der Park Bank weggesteckt hatte.

„Ich habe fünfzig Dollar", antwortete er. „Ich gebe dir zehn Dollar, wenn du mich gehen lässt."

"Zehn Dollar!" wiederholte Brand verächtlich. „Du musst mich für einen Idioten halten."

„Aber ohne Geld komme ich nicht zurecht."

"WAS BEDEUTET DAS?"

„Ich auch nicht. Also gib mir dein Geld." Es sah so aus, als ob Brand getäuscht worden wäre und Gerald die größere Summe in seiner Westentasche sparen könnte. Aber sich zu leicht davon zu trennen, könnte Misstrauen erregen.

„Mr. Brand", sagte Gerald, „ich appelliere noch einmal an Sie. Lassen Sie mich frei; oder nehmen Sie mir jedenfalls nicht mein ganzes Geld."

„Dein ganzes Geld ist sehr wenig. Ich dachte, du hättest mehr. Fünfzig Dollar werden mir die Mühe, die ich mir gemacht habe, kaum bezahlen."

„Ich habe Sie nicht darum gebeten, sich die Mühe zu machen. Sie hätten besser daran getan, ein anderes Opfer auszuwählen."

„Ich dachte, mit dir wäre der Umgang am einfachsten", erwiderte Brand kühl. „Aber wir verschwenden Zeit. Produzieren Sie Ihr Geld."

Gerald zog seine Brieftasche hervor. Zu seinem Glück handelte es sich bei dem Inhalt um kleine Scheine, so dass sie, obwohl sie nur einen kleinen Betrag darstellten, doch recht gut zur Geltung kamen.

"Ah!" sagte Brand in einem zufriedenen Ton, als er seine Hand ausstreckte, „das ist so etwas wie. Es ist wie der Anblick von Wasser für einen durstigen Reisenden."

Während er sprach, steckte er die Brieftasche absichtlich in die Tasche.

„Aber", sagte Gerald offenbar beunruhigt, „wenn du mein ganzes Geld nimmst, wie soll ich dann nach Hause kommen?"

Brand zuckte mit den Schultern.

„Du bist jung und stark; das Gehen wird dir nicht schaden", antwortete er.

„Dann muss ich in der Stadt bleiben."

„Für mich wäre es sicherer, ihn aus der Stadt zu schaffen", dachte Brand.

„Wie viel wird es Sie kosten, nach Hause zu kommen?" er hat gefragt.

"Ein Dollar."

Brand zog einen Dollarschein aus der Brieftasche und warf ihn auf das Bett.

„So", sagte er, „Sie können nicht sagen, dass ich Sie gemein behandelt habe. Haben Sie etwas Kleingeld?"

"NEIN."

„Hier ist außerdem ein halber Dollar. Es war alles Geld, das ich hatte, bevor ich das Glück hatte, Sie kennenzulernen."

„Das bringt mir kein großes Glück", sagte Gerald mit langem Gesicht.

„Oh, Sie werden darüber hinwegkommen. Und jetzt, Mr. Lane, wünsche ich Ihnen einen guten Morgen."

Er stand auf, ging zur Tür und schloss sie auf. Gerald folgte ihm.

Brand winkte zurück.

„Du gehst nicht raus", sagte er. „Sie müssen hier noch etwas warten."

„Warum lassen Sie mich nicht frei, Herr Brand? Sie haben mein Geld, was wollen Sie mehr?"

„Weil, mein junger Freund, wir könnten draußen einen Polizisten treffen und du könntest mich ihm vorstellen. Verstehst du?"

„Ja", antwortete Gerald lächelnd.

„Deshalb muss ich mich schnell von Ihnen verabschieden. Ich nehme an, dass wir uns wahrscheinlich nicht wiedersehen werden?"

"Ich hoffe nicht."

„Ich stimme dir voll und ganz zu."

Er öffnete die Tür und ging in den Eingangsbereich hinaus. Gerald hörte, wie sich der Schlüssel im Schloss drehte, und setzte sich, um über die Situation nachzudenken. Er hatte keine Ahnung, wie lange er gezwungen werden sollte, im Raum zu bleiben, aber wie zu erwarten war, konnte er es kaum erwarten, dass seine Gefangenschaft beendet würde. Als er über die Ereignisse des Morgens nachdachte, fühlte er sich beschämt bei dem Gedanken, dass er ein so leichtes Opfer eines skrupellosen Abenteurers geworden war.

Die Tür war verschlossen, aber es gab ein Fenster. Konnte er auf diese Weise entkommen? Er ging zum Fenster und schaute hinaus. Darunter befand sich ein kleiner Hof, aber da das Zimmer im dritten Stock lag, war die Entfernung zu groß, als dass er hätte springen oder sich hinunterlassen können. Sollte er dies außerdem tun, könnte er für einen Einbrecher oder unbefugten Eindringling gehalten werden und in Gefahr geraten, verhaftet zu werden.

Möglicherweise befand sich im Nebenzimmer jemand, dessen Aufmerksamkeit er auf sich ziehen könnte. Er schätzte, dass die Trennwand dünn war und dass jedes Geräusch, das er machte, zu hören war. Er begann, gegen die Wand zu hämmern und steigerte dabei allmählich die Kraft seiner Bemühungen.

„Wenn jemand da ist , kann er nicht anders, als zuzuhören", überlegte er.

Bald wurde ihm klar, dass er recht hatte.

Eine Minute später hörte er eine Stimme vor seiner Tür. Es war die scharfe, schrille Stimme einer Frau.

„Was machst du da, du Spalpeen?" waren die Worte, die er hörte. „Willst du die Mauer einreißen?"

„Nein", antwortete Gerald, „ich will raus."

„Warum gehst du dann nicht raus? Was soll dich daran hindern?"

„Ich bin eingesperrt!"

„Sicher, das ist Quatsch ! Wer hat dich eingesperrt?"

„Herr Brand."

„Ich kenne keinen solchen Mann."

Gerald war nicht in den Sinn gekommen, dass sein Bekannter vom Morgen ihm einen falschen Namen gegeben haben könnte.

„Es ist also der Mann, der hier lebt. Er sagte, sein Name sei Brand."

„Mr. Turner besetzt den Raum."

„Ist er ein großer, dunkler Mann?"

"Ja."

„Dann ist er derjenige, der mich hierher gelockt, mir mein Geld geraubt hat und dann gegangen ist, nachdem er mich eingesperrt hat."

„Oh mein Gott! Ich hätte nicht gedacht, dass er so ein Mann ist!"

„Können Sie die Tür öffnen? Haben Sie einen Schlüssel?"

„Ja, aber es ist der Schlüssel zu meinem eigenen Zimmer. Ich glaube nicht, dass er hineinpasst."

„Versuchen Sie es, nicht wahr?" fragte Gerald besorgt.

Der Schlüssel steckte im Schloss, ließ sich aber nicht öffnen.

„Nein, das passt nicht", sagte die Frau.

Das war entmutigend.

„Würden Sie die Vermieterin nicht bitten, die Tür zu öffnen?" fragte der junge Gefangene. „Wahrscheinlich hat sie einen Schlüssel, der es öffnet."

Auf der Treppe war ein Schritt zu hören.

„Oh, Mr. Brown", sagte die Frau, „wird Ihr Schlüssel die Tür dieses Zimmers öffnen?"

„Ich werde es versuchen. Was ist los?" fragte der Neuankömmling, der ein junger Mann zu sein schien.

Gerald wartete ängstlich und gespannt, während der Schlüssel ins Schloss gesteckt wurde. Es passte und die Tür wurde geöffnet.

„Wie wurden Sie eingesperrt?" fragte der junge Mann verwirrt. „Du wohnst doch nicht hier, oder?"

„Nein, ich wurde von dem Mann, der im Zimmer wohnt, hierher gelockt. Er hat mir meine Brieftasche gestohlen, ist dann weggegangen und hat mich eingesperrt."

"Wütend!" rief der junge Mann. „Das ergibt einen Artikel für meine Zeitung."

„Sind Sie Redakteur?" fragte Gerald.

„Ich bin Reporter einer Abendzeitung", antwortete er. „Miss Sloan, das ist Mr. Turners Zimmer, nicht wahr?"

„Ja, Mr. Brown. Glauben Sie, dass er ein Einbrecher ist? Wenn ja, werde ich es nicht wagen, in dem Haus zu wohnen."

„Er wird nicht versuchen, Sie auszurauben, und ich fühle mich sicher. Redakteure und Reporter sind für Herren seines Fachs kein attraktives Spiel." Dann wandte er sich an Gerald und fragte: „Hat er dir viel Geld abgenommen?"

"Fünfzig Dollar."

„Oh, mein gnädiger Herr!" rief Miss Sloan und warf die Hände hoch. „Armer Junge, hat er dir alles genommen, was du hattest?"

„Nein, Ma'am, ich habe noch ein wenig übrig. Was soll ich tun?"

„Melde die Angelegenheit der Polizei. Ich komme mit. Der Kerl sollte verhaftet werden."

# KAPITEL XX
# Ein Brief aus Portville

GERALD folgte dem Reporter zum nächsten Polizeigebäude und berichtete über den Raubüberfall. Es wurden Notizen gemacht und er wurde gefragt: „Wenn wir diesen Mann verhaften, werden Sie gegen ihn erscheinen?"

„Wenn möglich, möchte ich die Stadt morgen verlassen."

„Sie müssen länger bleiben. Wir werden den Prozess jedoch beschleunigen."

Zu diesem Zeitpunkt hatte Gerald Hunger.

„Gibt es in der Nähe ein Restaurant ?" er sagte.

„Ja. Ich gehe selbst zum Mittagessen aus; du kannst mich begleiten."

Der Reporter ging voran zur Fourteenth Street, wo Gerald ein nettes und zufriedenstellendes Restaurant fand. Der Raub hatte ihm den Appetit nicht verdorben, und er wurde einer großzügigen Mahlzeit gerecht.

Als sie das Restaurant verließen, fragte der Reporter: „Wohin gehst du jetzt?"

„Ich weiß es nicht. Ich habe keine besonderen Pläne."

„Dann kommen Sie mit. Auf der Third Avenue hat es gebrannt, und ich habe den Auftrag, mich nach den Einzelheiten des Schadens und der Versicherung zu erkundigen. Das wird Ihnen einen Einblick in das Stadtleben geben."

„Ich werde gerne mit Ihnen gehen."

Sie besichtigten den Brandort und der Reporter brauchte eine halbe Stunde, um die benötigten Informationen zusammenzutragen. Dann gingen sie die Allee entlang in Richtung Fourteenth Street.

Plötzlich umklammerte Gerald den Arm seines Begleiters.

„Sehen Sie, Mr. Brown", sagte er; „Da ist der Mann, der mich ausgeraubt hat!"

Ein paar Ruten voraus war Turner, den Gerald William Brand nannte, in seinem üblichen schlendernden Gang.

„Du hast recht. Das ist der Mann."

"Was soll ich tun?"

„Behalten Sie ihn im Auge, bis Sie einen Polizisten sehen. Dann bitten Sie um seine Verhaftung.“

Normalerweise heißt es, dass ein Polizist nie in Sichtweite ist, wenn er gesucht wird; aber in diesem Fall gab es eine Ausnahme. Einer der Blauröcke bog von einer Seitenstraße in die Third Avenue ein. Gerald stürzte nach vorne und berührte ihn am Arm.

„Was wird gesucht, Junge?“ fragte der Beamte.

„Mir wurden fünfzig Dollar geraubt, und da ist der Mann, der mich bestohlen hat.“

„Bist du dir da sicher? Ich möchte keinen Fehler machen.“

Zu diesem Zeitpunkt kam der Reporter.

„Es ist alles in Ordnung, Officer“, sagte er. „Ich kenne den Mann.“

„Und wer sind Sie, Herr?“

„Ein Reporter am Abend –“

Der Polizist betrachtete ihn mit Respekt. Er hatte das Gefühl, dass es gut für ihn wäre, mit den Reportern der Tageszeitungen in Kontakt zu bleiben.

„In Ordnung, Sir“, antwortete er. „Sie begleiten mich zum Bahnhofsgebäude?“

"Ja."

„Dann werde ich die Verhaftung vornehmen. Bleiben Sie in Ihrer Nähe.“

Der Beamte beschleunigte sein Tempo, holte Brand ein und klopfte ihm auf die Schulter. Er drehte sich schnell um und als er erkannte, wer ihn berührt hatte, veränderte sich sein Gesicht schnell. Aber er trat mutig auf.

„Wie geht es Ihnen, Kapitän?“ sagte er mit scheinbarer Lässigkeit. „Sie sind Officer Benson, nicht wahr?“

"NEIN."

„Das dachte ich. Benson ist ein netter Kerl und ein alter Freund von mir.“

„Das ist alles schön und gut, aber ich habe ein Geschäft mit Ihnen. Ihnen wird der Diebstahl einer Brieftasche mit fünfzig Dollar vorgeworfen.“

„Das muss ein Witz sein!“ sagte Brand in vermeintlicher Überraschung. „Wer erhebt die Anklage?“

Der Beamte zeigte auf Gerald.

„Ich habe ihn noch nie in meinem Leben gesehen!“ er rief aus.

„Vielleicht haben Sie mich nie gesehen, Mr. Turner?" traf den Reporter.

„Ja, du wohnst mit mir im selben Haus."

„Genau. Du hast diesen Jungen in dein Zimmer gelockt und, nachdem du ihn ausgeraubt hast, eingesperrt. Ich habe ihn freigelassen."

„War das die Geschichte, die er dir erzählt hat?"

"Ja."

„Ich kann nur sagen, dass er in mein Zimmer eingedrungen ist, um einen Raubüberfall zu begehen."

Gerald wollte gerade entrüstet dementieren, als der Beamte sagte: „Sie müssen mit mir gehen, Mr. Brandon Turner, oder wie auch immer Sie heißen. Ich leite kein Polizeigericht. Sie können sich vor Gericht verteidigen." - Zimmer."

„Aber das ist ein Skandal!" polterte Brand. „Aufgrund einer falschen Anschuldigung eines jungen Schlingels verhaftet zu werden!"

„Kommen Sie mit! Ich habe Sie zuerst nicht erkannt, aber ich glaube, Sie sind Jim Hayden, dessen Bild sich in der Rogues' Gallery in der Mulberry Street befindet."

Trotz weiterer Proteste wurde Brand zur Polizeistation gebracht und auf Geralds Bitte hin durchsucht. Die fehlende Brieftasche wurde in seiner Tasche gefunden und enthielt nachweislich das verlorene Geld mit Ausnahme von fünf Dollar, die wahrscheinlich ausgegeben worden waren.

Am nächsten Tag wurde ihm der Prozess gemacht und er wurde zu drei Jahren Staatsgefängnis verurteilt. Insgesamt hatte Gerald drei Tage Verspätung. Dann machte er sich mit dem wiederhergestellten Geld in der Tasche auf den Weg nach Chicago. Sein neuer Freund, der Reporter, begleitete ihn zum Depot der Pennsylvania Railroad in Jersey City.

„Ich wünsche dir viel Glück, Gerald", sagte er. „Wenn Sie wie hier über Hindernisse triumphieren, besteht kaum ein Zweifel daran, dass Sie am Ende erfolgreich sein werden. Ich würde mich freuen, wenn Sie mir gelegentlich eine Zeile schreiben."

„Das werde ich tun, Mr. Brown. Sie haben mir einen großen Dienst erwiesen, den ich nicht so schnell vergessen werde."

Gerald blieb zwei Tage in Chicago. Auf Herrn Nugents Rat hin ließ er sich im Palmer House nieder und widmete einen Teil seiner Zeit der Erkundung der Stadt. Er war sehr beeindruckt von der geschäftigen Aktivität und Energie der Chicagoer Bevölkerung. Er hatte das Gefühl, dass sich das Leben dort und in New York stark vom eintönigen Dasein in Portville unterschied.

Dennoch mangelte es nicht an Verbundenheit mit seinem Heimatdorf; und als ihm am zweiten Tag der Angestellte einen Brief mit dem bekannten Poststempel überreichte, öffnete er ihn eifrig. Der Brief stammte, wie er vermutete, von Richard Childs, dem allein er etwas über sein Ziel gesagt hatte.

Das war der Brief:

„ LIEBER GERALD – es kommt mir seltsam vor, dass ich mich in Chicago hinsetze, um dir einen Brief zu schreiben. Ich kann mir nicht vorstellen, dass du so weit weg bist. Was musst du schon gesehen haben! Ich wünschte nur, ich wäre bei dir, anstatt zu stehen hinter der Theke im Lebensmittelladen von Mr. Tubbs.

„Sie werden fragen, wie es mir gefällt. Nun, ich mag es nicht. Es ist harte Arbeit und lange Arbeitszeiten, und ich habe kein großes Interesse daran, Butter, Zucker und andere Lebensmittel rezeptfrei zu verkaufen. Trotzdem haben wir es." Ich war ziemlich aufgeregt. Sie werden überrascht sein zu hören, dass Ihr alter Freund Brandon entlassen wurde und ein neuer Angestellter von Dana eingestellt wurde. Sie erinnern sich an die Schwierigkeiten, die Sie hatten, und an die Anklage wegen Diebstahls, die gegen Sie erhoben wurde. Das glaube ich Bis zu Ihrem Weggang hielt Mr. Tubbs Sie immer noch für einen Dieb. Das kann Sie nicht wundern, denn Brandon hat ständig gegen Sie geredet. Aber Sie waren nicht ohne Freunde. Mr. Barton, aus dem Sparkasse, hatte ein Interview mit Mr. Tubbs und überredete ihn, Brandon eine Falle zu stellen. Zwei mit der Aufschrift „Fünfer" gekennzeichnete Scheine wurden in die Schublade gelegt, und bald darauf verschwand einer. Ich weiß nicht, ob Tubbs glaubte, ich hätte ihn genommen Ob es Ihnen gefällt oder nicht, aber ein oder zwei Tage später überreichte Mr. Sullivan, der Besitzer des Pferdestalls, einen, um seine Lebensmittelrechnung zu bezahlen.

„‚Wo hast du diesen Fünf-Dollar-Schein her?' fragte Tubbs.

„‚Warum, ist es nicht gut?' fragte Sullivan.

„‚Ja; aber ich habe einen Grund zu fragen. Ich hoffe, Sie haben nicht vergessen, wer es Ihnen gegeben hat?'

„‚Nein; ich habe nicht so viele Fünfer abgegeben, an die ich mich nicht erinnern kann. Diese Rechnung wurde mir von Ihrem Angestellten Brandon gegeben. Er hat letzten Sonntag ein Team angeheuert, um nach Sherborn zu fahren, und hat mich mit dieser Rechnung bezahlt.'

„‚Das könntest du schwören?'"

"'Ja sicher.'

„ Natürlich war das überzeugend, und Brandon wurde vorgeladen. Als er mit der Anklage konfrontiert wurde, wurde er blass und versuchte, sie unverschämt herauszustellen, indem er sagte, dass Sullivan sich geirrt habe. Aber der Livree-Mann beharrte auf seiner Behauptung und sagte, er habe ein Kreuz bemerkt rote Tinte auf der Rechnung, als er sie entgegennahm. Daraufhin wurde Brandon entlassen, und ich habe gehört, dass sein Vater zugestimmt hat, Herrn Tubbs fünfzig Dollar zu zahlen, um ihn vor Verhaftung und Strafverfolgung zu bewahren. Sein Nachfolger, Herr Toner, ist ein großer Fortschritt ihn und ist für mich viel zufriedenstellender.

„Ab und zu sehe ich deinen lieben Stiefbruder Abel. Er fragte mich, ob ich von dir gehört hätte, da er unsere Intimität kannte; aber ich antwortete mit „Nein." Er hat sich gefragt, ob du noch in New York bist. Ich hätte es ihm sagen können , aber ich habe es nicht getan. Er ist im Dorf nicht sehr beliebt. Er versucht, die anderen Jungen zu kommandieren, aber es gelingt ihm nicht sehr gut. Der Jungen gründen einen Baseballclub. Er wollte Kapitän werden, bekam aber nur eine Stimme – seine eigene. Der gewählte Kapitän ist mein ehrenhafter Mensch. Was halten Sie von Captain Childs? Klingt großartig, nicht wahr? Schreiben Sie so bald wie möglich wie du kannst, und lass mich wissen, was mit dir passiert ist.

„Dein wahrer Freund,

„ RICHARD CHILDS ."

# KAPITEL XXI
## Eine Bergbausiedlung in Montana

CAMPVILLE war eine kleine Bergbausiedlung in Montana.

Alle Gebäude hatten temporären Charakter und waren im Allgemeinen einstöckig. Es gab eine lange Straße, wie sie in den meisten westlichen Pioniersiedlungen üblich war, aber es gab nicht viele Häuser darauf. Der größte war ein Gemischtwarenladen für den Verkauf der Artikel, die die Bergleute brauchten. Es wurde von einem gewissen Joe Loche aufbewahrt . Er kam von Maine nach Montana, schürfte eine Zeit lang mit mäßigem Erfolg und eröffnete dann ein Geschäft. Er wusste von diesem Geschäft etwas und hatte fast sofort Erfolg. Sein Laden war in den Arbeitspausen ein allgemeiner Treffpunkt der Bergleute.

Eines Morgens, als vier oder fünf Personen auf Fässern in Loches Laden saßen, kam ein junger Mann von etwa dreißig Jahren herein. Er hatte ein langes, schmales Gesicht und umherschweifende Augen und sah aus wie jemand, dem ein umsichtiger Mann in einer dunklen Nacht nicht begegnen würde.

Er betrat den Laden und sah sich neugierig um. Er war ein Fremder in der Siedlung und seine Blicke wurden mit Interesse erwidert.

„ Morgen Fremder!“ sagte Loche , der immer ein Auge für einen möglichen Kunden hatte. „Was kann ich für Sie tun? Wie war Ihr Name?“

„Das habe ich nicht gesagt.“

Diese knappe Antwort machte einen ungünstigen Eindruck.

„Ich schätze, du hast einen Namen, nicht wahr? „Ja ?“ sagte Joe kalt.

„Ja. Mein Name ist Ralph Nixon.“

Die Stellungnahme wurde mit Überraschung aufgenommen.

„Irgendeine Beziehung zum alten Tom Nixon, der auf dem Hügel lebt?“

Loche gestellte Frage brachte die Frage zum Ausdruck, die alle stellen wollten.

„Er ist mein Onkel. Kannst du mir etwas über ihn erzählen?“

„Der alte Mann ist ziemlich krank“, sagte Joe.

„Möchtest du sterben?“ fragte Ralph eifrig.

„Na ja, ich weiß es nicht. Männer, die immer sterben, leben manchmal jahrelang. Hast du ihn in letzter Zeit nicht gesehen?“

„Nein, ich habe ihn nie gesehen."

"Wie ist das?"

„Er kam in den Westen, als ich ein Baby war."

„Bist du rausgekommen, um ihn zu sehen?"

„Ja. Ich dachte, der alte Mann braucht vielleicht jemanden , der sich um ihn kümmert. Hat er Geld – genug zum Leben?"

„Ich schätze schon. Er ist an einigen Minen in Eldorado interessiert, aber er wohnt in einer alten, heruntergekommenen Hütte, und das Leben kostet ihn nichts."

"Wo wohnt er?"

„Komm raus und ich zeige es dir. Ungefähr eine Viertelmeile hinter der Siedlung."

Ralph folgte Joe Loche aus dem Laden und erhielt die Wegbeschreibung.

„ Er besitzt also einige Minen, oder?" fragte der junge Mann mit einem begehrlichen Glanz in seinen kleinen, perlenartigen Augen.

"Ja."

„Sie sollten etwas wert sein", sagte er nachdenklich.

„Ja, der alte Mann könnte annähernd fünftausend Dollar wert sein."

„Lebt er alleine?"

„Ja, ganz allein."

„Ich nehme an, er war nie verheiratet?"

„Weißt du das nicht?"

„Nein; seit er uns verlassen hat, hat er nicht mehr an East geschrieben. Erst vor Kurzem haben wir erfahren, wo er war. Dann dachte Vater, ich sollte besser hierherkommen und nach ihm suchen."

„Ich schätze, er wird sich freuen, dich zu sehen."

„Das sollte er sein; aber ich bin ihm fremd."

„Ich habe ihn in letzter Zeit nicht in der Stadt gesehen. Ich schätze, er ist am Ende."

Joe ging zurück in den Laden, und Ralph Nixon machte sich über den unebenen Boden auf den Weg zu der alten Hütte, die ihm gezeigt worden war.

„Ich würde mich nicht wundern, wenn er ein Geizhals wäre", überlegte er. „Er ist schon seit mehr oder weniger fünfundzwanzig Jahren hier draußen und hat von so gut wie nichts gelebt. Auch wenn er nicht viel verdient hat, hat er den Berichten zufolge doch alles. Ich bin der Einzige seiner Verwandten und Verwandten." Das wird er wahrscheinlich sehen, und er kann nichts Besseres tun, als mir zu hinterlassen, was er hat. Wenn er es nicht tut, bleibe ich hier draußen und versuche mein eigenes Glück im Bergbau. Es gibt keine Chance für mich in der Osten, auch wenn ich nicht in Schwierigkeiten geraten wäre.

Er erreichte die Hütte und blieb draußen kurz stehen. Es war eine baufällige Angelegenheit und sah keineswegs wie die Residenz eines reichen Mannes aus. Das hätte Ralphs Mut vielleicht gedämpft, aber er war zu dem Schluss gekommen, dass sein Onkel ein Geizhals war.

Schließlich ging er zur Seite der Hütte und blickte durch das Fenster.

Was er sah, war Folgendes: In einem Holzstuhl, der offensichtlich selbst hergestellt war, saß ein altersschwacher alter Mann. Sein Gesicht war schmal, seine Wangen eingefallen und sein vollkommen weißes Haar bedeckte kaum seinen Kopf. Seine Gliedmaßen waren abgeschwächt, seine Brust war hohl und er sah aus wie ein sehr alter und gebrechlicher Mann, obwohl er erst fünfundsechzig Jahre alt war.

„Was für ein Skelett er ist!" dachte Ralph. „Er steht kurz vor dem Tod und ist bereit, hineinzustürzen. Es ist ein Glück, dass ich hierher gekommen bin, denn wenn er gestorben wäre, hätten die Schläger im Laden sein Geld gestohlen und seine Verwandten wären nie davon erfahren worden. Nun ja Ich gehe hinein und mache Bekanntschaft mit dem alten Bildnis.

Er ging um die Tür herum, öffnete sie, ohne anzuklopfen, und betrat die Kabine.

Thomas Nixon blickte auf und schien alarmiert zu sein, als er den Eindringling sah.

"Wer bist du?" fragte er mit dünner, zitternder Stimme.

Es war nur natürlich, dass er beunruhigt war, denn in westlichen Bergbausiedlungen wimmelt es im Allgemeinen von groben und skrupellosen Männern, gesellschaftlichen Geächteten, die sich auf der Suche nach Gewinn oder Beute dorthin durchgemacht haben.

„Sei nicht beunruhigt, Onkel Thomas", sagte Ralph beruhigend. „Ich bin dein Neffe Ralph, komme aus dem Osten, um auf dich aufzupassen."

„Ich kenne keinen Ralph. Wessen Sohn bist du?"

„Mein Vater ist Gideon Nixon."

"Mein ältester Bruder?"

"Ja."

„Woher wussten Sie, wo ich wohne?"

„Ein Mann kam nach Stamford, der hier gewesen war. Als er meinen Namen erfuhr, erzählte er uns, dass er hier draußen einen Mann namens Nixon kenne. Er sagte, du wärst alt und schwach, und Vater meinte, ich sollte besser rauskommen und nach dir suchen."

„Es hat sich nicht gelohnt . Ich bin ein armer alter Mann und kann dir nichts Gutes tun."

"Bist du arm?" fragte Ralph, sein Ton verriet seine Enttäuschung.

„Schauen Sie sich um und urteilen Sie selbst", erwiderte der alte Mann und musterte seinen Neffen mit einem Blick, der eine Mischung aus Neugier und Klugheit ausstrahlte.

„Mir wurde im Dorf gesagt, dass Sie an einigen Minen interessiert wären."

„Meine Angelegenheiten sind nur mir selbst bekannt. Wenn Sie gekommen sind, um mir zu helfen und meinem Alter Trost zu spenden, ist das eine freundliche und wohltätige Sache."

Diese Worte beunruhigten Ralph sehr. Er hatte große Angst, dass sein Onkel fast so arm war, wie er behauptete. In diesem Fall wäre sein Auftrag zwecklos. Doch als er sich mit einem Gefühl der Unzufriedenheit umsah, fiel sein Blick auf eine Blechdose, wie man sie in Lebensmittelgeschäften voller Cracker finden kann.

„Ich werde herausfinden, was in dieser Kiste ist", beschloss er.

Ohne dem alten Mann zu antworten, stand er auf, ging auf die Kiste zu und öffnete den Deckel.

"Was machst du?" fragte Mr. Nixon alarmiert.

Ralph antwortete nicht. Er musste an etwas anderes denken. Die Schachtel war zu einem Drittel mit glitzernden Goldstücken gefüllt, die er fasziniert betrachtete.

# KAPITEL XXII
## Der Spieß wird umgedreht

R ALPH N IXON brach in Gelächter aus.

„Ich sehe, du bist sehr arm, Onkel", sagte er. „Es ist eine Augenweide, diese Haufen gelber Lieblinge zu sehen." Und er nahm eine Handvoll heraus und beäugte sie liebevoll.

„Lass sie in Ruhe! Mach die Kiste zu!" rief der alte Mann aufgeregt und alarmiert.

„Wie viele darf ich nehmen, Onkel?" fragte Ralph.

„Keinen, du Dieb!"

„Beschimpf mich nicht mit harten Schimpfwörtern, lieber Onkel Thomas", sagte der junge Mann spöttisch. „Vergiss nicht, dass ich dein Neffe bin."

„Ich weiß nicht, ob du es bist oder nicht. Halt die Klappe, sage ich."

„Du bist ein alter Mann. Du kannst nicht lange leben. Dieses Geld wird dir nichts nützen. Du wirst es nicht mehr genießen können. Gib mir die Hälfte." Und während er sprach, steckte er die Handvoll Münzen, die er bereits genommen hatte, in seine Tasche.

Das war zu viel für den alten Mann. Mit Mühe stand er auf und stolperte zu der Stelle, wo der Eindringling kniete.

„Geh weg; geh sofort weg!" schrie er aufgeregt. „Du bist ein Dieb. Ich glaube überhaupt nicht, dass du ein Nixon bist."

Er versuchte, Ralph an der Schulter zu packen, fiel aber nur über ihn.

Der junge Mann lachte und steckte eine weitere Handvoll Münzen in seine Tasche.

„Du – du Schurke! So alt ich auch bin, ich werde es noch erleben, wie du gehängt wirst!"

Zu diesem Zeitpunkt war der Besucher wütend geworden. Er gab dem alten Mann einen Stoß, der ihn auf den Rücken legte, da er kaum oder gar keine Kraft hatte.

Thomas Nixon begann zu schreien: „Hilfe! Mord! Diebe!" so dass sein Neffe beunruhigt war.

„Wenn du nicht aufhörst zu jaulen , erwürge ich dich!" er rief aus.

Aber der alte Mann schrie weiter.

Schließlich verlor Ralph die Geduld und packte den alten Mann an der Kehle, so dass er ihn fast erstickte.

„Wird mir niemand helfen?" er weinte schwach, sobald sich der Griff etwas entspannte.

„Nein, es ist niemand in Hörweite!" sagte Ralph. „Gib mir die Hälfte dieser Goldstücke und ich werde gehen und dich nie wieder belästigen."

„Nein, nein!" schrie der alte Mann. „Ich gebe dir keins!"

„Dann muss ich mir selbst helfen", sagte Ralph kühl, und das tat er auch.

Der alte Mann, der mit dem Rücken auf dem Boden lag, versuchte aufzustehen, war aber zu schwach und sein gefühlloser Neffe lachte über seine Bemühungen.

„Wird mir niemand helfen?" fragte er erneut mit erbärmlichem Akzent.

„Ich denke nicht", sagte Ralph; aber während er sprach, öffnete sich die Außentür und Gerald Lane erschien.

Der alte Mann bemerkte kaum, wer es war, wusste aber, dass jemand den Raum betreten hatte, und rief erneut um Hilfe.

Ralph Nixon war zunächst beunruhigt, als er hörte, wie sich die Tür öffnete, aber als er Gerald sah, kehrte seine Kühnheit zurück.

„Es ist nur ein Kind?" rief er verächtlich aus.

"Was machst du da?" forderte Gerald voller Elan.

„Das geht dich nichts an, Junge. Du solltest besser verschwinden!"

„Er beraubt mich!" beschwerte sich der alte Mann.

„Ich bin sein Neffe. Ein Teil des Goldes gehört mir."

„Ich habe ihn bis heute Morgen nie gesehen. Er ist ein Dieb! Hilf mir, wenn du kannst!"

„Ich werde es versuchen", sagte Gerald.

Als er sich nach einer Angriffswaffe umsah, entdeckte er einen Besen. Er ergriff es, ließ es über seinem Kopf schweben und befahl dem Schurken, das Gold, das er gestohlen hatte, zurückzugeben.

Diese Worte wurden mit spöttischem Lachen quittiert.

„Ich nehme keine Befehle von einem Kind entgegen!" sagte der Dieb.

„Dann nimm das!"

Von seiner Empörung überwältigt, versetzte Gerald Ralph einen heftigen Schlag mit dem Besenstiel auf den Kopf. Der Raufbold war sofort auf den Beinen, sein Gesicht glühte vor Zorn.

„Ich werde dir eine Lektion erteilen!" rief er zwischen seinen zusammengebissenen Zähnen.

Gerald wurde klar, dass er sich in einer schwierigen Lage befand, aber er war ein mutiger Junge und hatte nicht die Absicht, aufzugeben. Er wich schnell zur Seite aus und versetzte dem Eindringling einen weiteren Schlag auf den Kopf. Dies verstärkte seine Wut und er rannte wahnsinnig hinter Gerald her. Schließlich packte er ihn an der Schulter und warf ihn mit einem heftigen Stoß auf den Boden. Natürlich war die Stärke eines Jungen der eines robusten Mannes nicht gewachsen. So sehr er auch kämpfte, Gerald war überwältigt. Mit einem grausamen Glanz in seinen Augen packte der Raufbold den Jungen an der Kehle und versuchte ihn zu erwürgen.

Obwohl der alte Mann Gerald nicht kannte, wusste er, dass er in Schwierigkeiten geraten war, weil er versucht hatte, ihm zu dienen. Hätte er die erforderliche Kraft oder überhaupt Kraft gehabt, wäre er ihm zu Hilfe gekommen. Das Schwierigste war, hilflos da zu liegen und seinen tapferen jungen Verteidiger in Lebensgefahr zu sehen.

Er tat, was er konnte. Er erhob seine schwache Stimme und rief schrill: „Hilfe! Hilfe!"

Es schien kaum eine Chance zu geben, dass sein Schrei gehört wurde, aber manchmal passiert das Unerwartete. Als Gerald der Strangulationsstelle sehr nahe war, kam Hilfe. Die Tür flog auf und zwei grob gekleidete Bergleute traten ein.

„Was ist los? Was ist das alles?" riefen die beiden Bergleute, als sie den Raum betraten.

Ein Blick in die Hütte verriet die Geschichte.

Loche zu verdanken hat ", sagte einer der Männer.

„Er hat mich ausgeraubt", wimmerte der alte Mann schwach. „Er hat mein Gold gestohlen."

Die Gesichter der beiden Männer wurden ernst. In einer Bergbausiedlung ist Raubüberfall ein Kapitalverbrechen, und einem Dieb bleibt nichts anderes übrig, als schnell in eine andere Welt zu gelangen.

Als die beiden Männer eintraten, ließ Ralph Nixon erschrocken seinen Griff von Gerald los und stand auf. Er sah, dass sich der Spieß umgedreht hatte und dass er in Gefahr war.

„Was hast du mit dem Jungen gemacht?" forderte einer der Bergleute.

„Er hat mich auf den Kopf geschlagen und ich habe ihm eine Lektion erteilt."

„Angenommen, wir hören, was er zu sagen hat?"

Der so angesprochene Gerald antwortete:

„Ich bin vor fünf Minuten in die Hütte gekommen und habe gesehen, wie er den alten Mann ausgeraubt hat, und habe mich eingemischt."

„ Also hat er den alten Mann ausgeraubt? Mr. Nixon, ist das wahr?"

„Ja", antwortete Thomas Nixon schwach. „Er hat einige meiner Goldstücke in der Tasche."

„Dann muss er entladen. Ergreife ihn, Mike."

Die beiden Bergleute packten Ralph fest und drehten seine Taschen um. Sie entdeckten etwa fünfzig Goldmünzen.

„Was hast du zu sagen, du Dieb?" forderte einen streng.

„Er hat sie mir gegeben", antwortete Ralph alarmiert.

„Nein, nein, das ist nicht so", protestierte Thomas Nixon. „Er hat sie aus der Kiste geholt. Ich habe versucht, ihn aufzuhalten, aber es hat nichts genützt. Dann kam dieser tapfere Junge herein und der Schurke versuchte, ihn zu ermorden."

„Es ist ein klarer Fall, Mike. Was sollen wir mit ihm machen?"

„Wir werden ein Treffen der Jungs einberufen und dann entscheiden."

Sie packten Ralph und zerrten ihn zwischen sich fort.

„Onkel Thomas!" schrie der verängstigte Raufbold, „Rette mich, rette mich!"

„Ist er Ihr Neffe, Mr. Nixon?" fragte einer der Bergleute.

„Ich weiß es nicht. Er sagt, dass er es weiß."

„Sicher bin ich das. Ich bin der Sohn seines Bruders."

„Das berechtigt dich nicht dazu, ihn auszurauben."

„Ich habe mir das Gold nur geliehen. Ich wollte es zurückzahlen."

„Das ist eine wahrscheinliche Geschichte. Bringen Sie ihn mit."

Sie verließen die Hütte mit Ralph zwischen sich und gingen sofort zu dem Laden, der von Joe Loche geführt wurde .

Innerhalb von fünf Minuten wuchs ihre Zahl, bis die ursprünglichen zwei auf fünfundzwanzig oder dreißig angewachsen waren.

"Was hat er getan?" fragte eines der neuen Mitglieder.

„Ich habe dem alten Mann Nixon Gold gestohlen. Wir haben ihn auf frischer Tat ertappt.“

„Für einen Dieb ist es hier sehr gefährlich, Fremder“, sagte Joe Loche . „Was hast du zu deiner eigenen Meinung zu sagen?“

„Er kann nichts sagen. Wir haben das Gold in seiner Tasche gefunden.“

„Jungs“, sagte Chris Nelson, der allgemein als Anführer der Siedlung angesehen wurde, „ihr hört, was gegen diesen Mann gesagt wird. Was wird sein Schicksal sein?“

"Hängen ihn!" war die lakonische Antwort von einem halben Dutzend.

„Nein, nein!“ schrie der verängstigte Kerl, „Ich habe das Gold nur zum Spaß genommen.“

„Dann hängen wir dich im Scherz.“

„Oh, häng mich nicht auf! Ich bin nicht zum Sterben geeignet.“

„Ich denke, das stimmt“, sagte Chris Nelson.

„Holen Sie sich ein Seil – ein gutes, starkes Seil, und wir hängen ihn dort an den Baum.“

Sie begannen, ihn zu einem Baum auf einer kleinen Anhöhe zweihundert Meter entfernt zu zerren. Er schrie und heulte vor Angst, bis alle von seiner Kleinmütigkeit angewidert waren. Schließlich wandelten sie seine Strafe auf sein Versprechen, die Siedlung zu verlassen und nie wieder zurückzukehren, in eine Auspeitschung auf seinen nackten Rücken um, an der sich alle eifrig beteiligten. Als es vorbei war, kroch der reuige Schurke davon, verletzt und wund. Selten war die Vergeltung so schnell.

# Kapitel XXIII
# Neue Regelungen

GERALD blieb, nachdem die anderen die Hütte verlassen hatten. Der alte Mann sah ihn fragend an.

„Ich glaube nicht, dass ich dich kenne", sagte er. „Wohnst du im Dorf?"

„Nein, Sir. Ich wurde aus dem Osten hierher geschickt."

Thomas Nixon sah verwirrt aus.

"Gehst du zur Schule?"

„Nein, Sir. Ich wurde hierher geschickt, um Sie zu sehen."

„Um mich zu sehen? Ich verstehe es nicht."

„Erinnern Sie sich daran, einen Brief an Herrn John Nugent aus Portville geschrieben zu haben?"

„Ja; aber sicherlich –"

„Ich habe hier eine Kopie Ihres Briefes, den ich Ihnen zeigen werde. Sie wünschten, dass Herr Nugent einen Boten schickt, der ihn vertritt und Ihnen auf jede erdenkliche Weise behilflich ist."

„Aber", rief der alte Mann erstaunt, „ich habe nicht erwartet, dass er einen Jungen schickt."

„Dieser Brief wird Ihnen erklären, warum er mich geschickt hat."

„Lies es mir vor. Ohne meine Brille kann ich nicht sehen."

Gerald zog den Brief aus dem Umschlag und las Folgendes:

„ HERR NIXON ,

„Ich brauche nicht zu sagen, dass ich überrascht war, Ihren Brief zu erhalten. Ich habe Sie schon vor langer Zeit für tot gehalten. Ich bin froh zu hören, dass Sie am Leben sind und sich in einem so ehrenwerten Geisteszustand befinden. Als Sie sich unsere Gelder angeeignet haben, haben Sie sich selbst verletzt." mehr als du uns angetan hast. Ich bin sicher, du hast es oft bereut.

„Ich kann nicht so zu dir gehen, wie ich es tun würde, wenn ich jünger und stärker wäre, denn ich werde ein alter Mann und bin schwach, außerdem habe ich an Rheuma gelitten. Was das Senden eines Boten angeht, war ich zunächst davon überzeugt Ich hatte große Zweifel, wen ich auswählen könnte. Schließlich entschied ich mich für Gerald Lane, dessen verstorbenen Vater ich gut kannte. Er ist noch ein Junge, aber er verfügt über ein ebenso gutes Urteilsvermögen wie viele Männer, die zehn Jahre älter sind. Außerdem ist er durch und durch ehrlich und zuverlässig . Ich stelle ihn in Ihren Dienst, mit der vollen Vollmacht, für mich zu handeln, und ich werde seine Kosten bezahlen. Wenn Sie ihn so gut kennen wie ich, werden Sie lernen, ihm genauso zu vertrauen wie mir.

„Ich verbleibe mit aufrichtigen guten Wünschen,

„Dein alter Freund,

„ JOHN NUGENT .“

Gerald war erfreut, als er die Begriffe las, mit denen über ihn gesprochen wurde.

Herr Nixon hörte aufmerksam zu.

„Das ist ein guter Brief und bereitet mir große Freude!“ er sagte. „Ich bin froh, dass John Nugent mir die Verletzung verzeiht, die ich ihm zugefügt habe.“

„Ja, er hat mir gesagt, dass er dir freiwillig vergeben hat.“

„Aber trotzdem“, sagte der alte Mann, „kommt es mir seltsam vor, dass ein Junge in deinem Alter – – Wie alt bist du?“

"Sechzehn."

„Dass einem sechzehnjährigen Jungen so viel Vertrauen geschenkt werden sollte.“

„Ich bin auch überrascht, Mr. Nixon“, sagte Gerald offenherzig. „Ich hoffe, dass ich alles verdiene, was Herr Nugent über mich sagt. Er ist ein guter Mann und ein guter Freund für mich.“

„Er ist ein ausgezeichneter Mann“, sagte Herr Nixon mit Nachdruck. „Ich mag dich auch und ich bin zuversichtlich, dass du verdienst, was er über dich sagt.“

„Das hoffe ich, Mr. Nixon, und ich möchte Ihnen behilflich sein. Darf ich Ihnen einen Vorschlag unterbreiten?“

"Auf jeden Fall."

„Dann halten Sie es nicht für unklug, Ihr Gold so offen zu lassen? Ich wundere mich, dass Sie noch nie zuvor ausgeraubt wurden.“

„Das stimmt. Ich war unvorsichtig. Aber ich war so schrecklich krank, dass ich keine anderen Vorkehrungen treffen konnte. Jetzt, wo Sie hier sind, werde ich darüber nachdenken, was ich tun kann.“

„Gibt es keine Bank, bei der Sie es aufbewahren könnten?“

„Ja, es gibt einen zehn Meilen entfernt, in Fairfield, aber ich kann nicht dorthin gehen.“

„Dann schick mich. Du wirst einen Teil des Goldes für den Gebrauch bei dir behalten wollen.“

„Ich verwende sehr wenig Geld“, sagte der alte Mann kopfschüttelnd.

„Ich hoffe, Sie werden mehr verbrauchen. Sie werden alt und sollten bequemer leben. Als ich den Brief lese, den Sie an Herrn Nugent geschickt haben , weiß ich, dass Sie weitaus besser leben können als Sie.“

„Du hast Recht. Bisher hatte ich keine Ambitionen und kein Ziel im Leben, aber seit mir John Nugents Vergebung zugesichert ist , habe ich das Gefühl, dass eine Last von meiner Seele genommen wurde. Du bist so jung, dass du nicht müde werden wirst.“ bei dem alten Mann bleiben?“

„Nein, Mr. Nixon. Nicht nur um Mr. Nugents willen, sondern um Ihretwillen werde ich gerne bei Ihnen bleiben und tun, was ich kann.“

„Danke. Es gibt mir neues Leben zu wissen, dass ich einen jungen Begleiter habe, der mir hilft und für mich tut, was ich selbst nicht tun kann. Sie kamen zur richtigen Zeit.“

„Ja, ich war erschrocken, als ich die Kabinentür öffnete und sah, wie dieser Mann Sie ausraubte. Ist er wirklich Ihr Neffe?“

„Lieber weiß, das weiß ich nicht! Ich habe ihn noch nie zuvor gesehen. Was auch immer er ist, ich möchte ihn nicht als Verwandten anerkennen.“

„Ich glaube nicht, dass er Sie jemals wieder belästigen wird. Die Männer, die ihn weggetragen haben, werden ihm auf jeden Fall einen ordentlichen Schrecken einjagen. Nun, Mr. Nixon, wo sollte ich Ihrer Meinung nach am besten bleiben? Ich muss.“ Sei in deiner Nähe und kümmere dich um dich.

Der alte Mann sah verwirrt aus. Er blickte sich in der gemütlichen Hütte um und zögerte.

„Ich fürchte, es würde Ihnen nicht gefallen, hier zu bleiben“, sagte er nach einer Weile .

„Nicht für längere Zeit, Mr. Nixon. Wenn Sie nicht beleidigt sind, werde ich Sie fragen, warum Sie selbst hier bleiben?“

„Ich lebe hier, seit ich nach Campville gekommen bin “, antwortete er.

„Und wie lange dauert das?"

"15 Jahre."

„Hast du die Hütte gebaut?"

„Nein. Es war gerade erst vom ursprünglichen Besitzer und Erbauer geräumt worden."

„Du solltest ein gemütlicheres Zuhause haben."

„Ja, das nehme ich an", sagte Thomas Nixon; „Aber ich weiß nicht, wohin ich gehen soll."

„Erlauben Sie mir, eine Unterkunft für Sie zu finden, Mr. Nixon?"

"Ja."

„Dann werde ich sofort hinausgehen und sehen, was ich finden kann. Du solltest nicht noch eine Nacht hier bleiben."

„Komm bald wieder", sagte der alte Mann.

Er hatte die Gesellschaft seines jungen Begleiters bereits zu schätzen gelernt und hatte das Gefühl, dass er ihn auch nur für kurze Zeit vermissen sollte.

Gerald nahm seinen Hut und ging hinaus. Er wandte seine Schritte dem Laden von Joe Loche zu , denn er hatte das Gefühl, dass er dort mit größerer Wahrscheinlichkeit die Informationen erhalten sollte, nach denen er suchte. Er hatte bereits dort angerufen, wie Ralph Nixon, um sich nach dem Weg zur Hütte des alten Mannes zu erkundigen.

„Herr Loche ", sagte er und kam sofort zur Sache, „gibt es im Dorf noch ein gemütliches Haus frei?"

„Ja", antwortete der Ladenbesitzer. „Es gibt ein Haus mit vier Zimmern, das gestern bewohnt war, heute aber leer steht."

"Wem gehört es?"

„Das tue ich. Ich habe es inklusive Möbel und allem von Jim Morris gekauft, der seinen Stapel gemacht hat und in sein altes Zuhause in New Hampshire zurückkehrt."

„Sind Sie bereit, es zu verkaufen oder zu vermieten?"

„Entweder das eine. Wirst du heiraten und dich unter uns niederlassen?"

„Noch nicht ganz", antwortete Gerald lachend. „Ich wurde aus dem Osten zu Mr. Nixon geschickt und werde eine Weile bei ihm bleiben. Er hat mich ermächtigt, für ihn ein passenderes Zuhause zu suchen."

„Ich bin froh, das zu hören. Diese alte heruntergekommene Hütte ist nicht mehr geeignet, um darin zu leben."

„Würde es Ihnen etwas ausmachen, mir das Haus zu zeigen?"

„Ich werde das gerne tun. Hier, Dennis, kümmere dich nur um das Geschäft, und ich werde mit diesem jungen Mann zu Jims Haus gehen."

Gerald fand das Haus besser eingerichtet, als er erwartet hatte. Jim Morris hatte eine Frau und eine junge Familie und hatte ihnen ein komfortables Zuhause geboten. Das Haus schien komplett möbliert zu sein, sogar bis hin zu Geschirr und Küchenmöbeln. Gerald war sehr zufrieden.

„Ich werde Herrn Nixon empfehlen, es zu mieten, und nach einer Weile hoffe ich, dass er es kaufen wird. Kann er heute Abend einziehen?"

"Sicher."

„Dann werde ich es annehmen. Ich bin sicher, dass Herr Nixon tun wird, was ich rate."

„Sie fragen nicht, was ich verlangen soll!"

„Nein, Herr Loche , denn ich weiß, dass Sie nur einen fairen Preis verlangen werden; und außerdem gibt es kein anderes Haus, das ich bekommen kann."

„Das stimmt. Nun ja, mit den Bedingungen wird es schon stimmen."

„Noch etwas. Haben Sie einen Wagen, in dem Sie Mr. Nixon vorbeibringen können? Er ist zu schwach zum Gehen."

„Ich schicke es sofort. Mein Assistent, Dennis Carlyle, wird sich anschnallen und mit Ihnen zurückgehen."

„Vielen Dank, Herr Loche ."

„Ich sage, Junge, du scheinst ein ziemlich kluger Junge zu sein. Also wirst du dich um den alten Mann kümmern?"

"Ja."

„Dann hat er Glück. Du hast gut angefangen."

„Was wurde mit dem Mann gemacht, der versuchte, ihn auszurauben?"

„Er hat eine ewige Tracht Prügel bekommen. Wir haben ihn mit dem Fehdehandschuh laufen lassen, und als er sich davongeschlichen hat, war er ziemlich wund. Zuerst dachten wir darüber nach, ihn aufzuhängen!"

„Ich bin froh, dass du es nicht getan hast. Ich glaube nicht, dass er seinen Onkel noch einmal belästigen wird."

solange er lebt, wird er nicht mehr auf fünfzig Meilen an Campville herankommen."

---

# KAPITEL XXIV
# EIN NEUES ZUHAUSE

GERALD sprang vom Wagen und betrat die Hütte. Thomas Nixon saß in seiner alten, lustlosen Haltung da, aber seine Augen leuchteten, als Gerald den Raum betrat.

„Nun, Mr. Nixon", sagte Gerald, „sind Sie bereit umzuziehen?"

„Das verstehe ich nicht. Wo soll ich hinziehen?"

„Ich habe ein Haus für Sie gemietet – das Haus, das bis vor kurzem von einem Mann bewohnt wurde, den sie Jim Morris nennen. Ich habe es komplett möbliert gemietet, und Sie müssen nur noch hineingehen."

Der alte Mann schien von der Plötzlichkeit des Vorschlags fast verwirrt zu sein.

„Aber ich kann nicht so weit laufen", sagte er.

„Das ist nicht nötig. Ich habe einen Wagen vor der Tür, wir helfen Ihnen hinein, und in fünfzehn Minuten werden Sie sich in einem komfortableren Zuhause wiederfinden."

„Wenn Sie es für richtig halten", sagte der alte Mann zögernd.

„Das tue ich; und Sie werden es auch tun, wenn Sie die Änderung vorgenommen haben."

"Dann werde ich gehen."

„Was möchtest du mitnehmen?"

„Ich bin an diesen Stuhl gewöhnt."

„Sehr gut, wir nehmen es. Gibt es noch etwas?"

Thomas Nixon zeigte auf die Blechdose.

„Oh ja, das dürfen wir nicht vergessen. Gibt es noch etwas?"

"NEIN."

„Dann, Mr. Carlyle, helfen Sie Mr. Nixon in den Wagen zu bekommen?"

Dennis Carlyle, ein kräftiger, muskulöser junger Mann, half mit, und der alte Mann befand sich bald im Wagen und saß in seinem Lieblingsstuhl.

„ Müssen wir nicht ein paar Teller mitnehmen? Da ist ein paar in dem Schrank."

„Heute nicht, Mr. Nixon. Wir werden alles Geschirr und alle Küchenutensilien haben, die Mr. Morris zurückgelassen hat."

Es dauerte nicht lange, bis sie vor der Tür des neuen Zuhauses standen. Gerald half Mr. Nixon aus dem Wagen und ging voran ins Haus. Alles war ordentlich und komfortabel und bildete einen sehr schönen Kontrast zu der heruntergekommenen Hütte, in der Nixon so viele Jahre gelebt hatte. Auf dem Boden des Wohnzimmers lag ein Wollteppich, auf dem Kaminsims eine Acht-Tage-Uhr, an den Wänden drei oder vier Bilder und auf einer Seite des Zimmers ein bequemes Sofa. Der alte Mann seufzte zufrieden.

„So habe ich früher gelebt", sagte er.

„So wirst du künftig leben", sagte Gerald.

„Dadurch fühle ich mich schon jünger. Was für ein wunderbarer Junge du bist!"

Gerald lächelte.

„Oh nein, ich bin nur ein gewöhnlicher Junge", antwortete er.

„Ich verstehe jetzt, warum John Nugent dich zu mir geschickt hat. Bist du sicher, dass du erst sechzehn bist? "

"Ziemlich sicher."

„Und ich bin sechsundsechzig! Was für ein Unterschied!"

Tatsächlich sah Thomas Nixon zehn Jahre älter aus, als er wirklich war. Teils war es Krankheit, teils fehlte es an nahrhafter Nahrung und fröhlicher Gesellschaft.

„Wir werden dich bald jünger aussehen lassen", sagte Gerald fröhlich. „Und denken Sie nicht, dass es jetzt fast Zeit für das Abendessen ist?"

„Ich – ich glaube, ich könnte etwas essen", sagte der alte Mann langsam. „Es ist lange her, dass ich Appetit hatte, aber jetzt verspüre ich fast Hunger. Sie – vielleicht bekommen Sie bei Mr. Loche einen Laib Brot und etwas Butter ."

„Überlassen Sie die Angelegenheit mir, Mr. Nixon. Ich nehme an, dass es Ihnen nichts ausmacht, wenn ich ein wenig Geld ausgebe?"

„Nein, nein. Nimm ein Goldstück aus der Schachtel und kaufe, was dir gefällt."

Gerald fand ein kleines Hotel, in dem viele der Bergleute übernachteten, und vereinbarte zwei Abendessen, die sie in ihr neues Zuhause schicken sollten. Als das Essen ankam, deckte er den Tisch und richtete ihn ordentlich ein.

„Nun, Mr. Nixon", sagte er fröhlich, „lassen Sie mich Ihren Stuhl nach oben rücken und wir werden zu Abend essen."

Es war lange her, dass der alte Mann sich zu einer normalen Mahlzeit hingesetzt hatte, und es war ebenso der Mangel an nahrhaftem Essen wie jeder andere Grund, der ihn geschwächt hatte.

Seine verblassten Augen leuchteten auf und zum ersten Mal seit vielen Wochen verspürte er ein Verlangen nach Essen. Gerald nahm den Kopf des Tisches ein.

„Nun, Mr. Nixon", sagte er, „lass mich dir etwas Roastbeef servieren. Hier ist eine gekochte Kartoffel und ein paar Rüben; und es gibt Brot und Butter."

„Es ist ein Fest", sagte der alte Mann fröhlich. „Es ist lange her, dass ich Roastbeef probiert habe."

„Dann hast du einen Fehler gemacht, indem du dich gekürzt hast, obwohl es gar nicht nötig war. Von nun an musst du gut leben."

„ Das werde ich – das werde ich tun; das heißt, wenn du bei mir bleibst. Aber ich dachte, ich würde bald sterben, und das machte keinen Unterschied."

„Du willst nicht sterben, bis deine Zeit gekommen ist. Du bist doch nicht so alt."

„Ich bin sechsundsechzig."

„Und du wirst vielleicht noch zwanzig Jahre leben."

„Ich wollte nicht leben; aber jetzt, seit du gekommen bist, sehen die Dinge anders aus."

Beide aßen kräftig, und als das Abendessen beendet war, schob der alte Mann seinen Stuhl zurück und seufzte zufrieden.

„Es ist das beste Essen, das ich seit Jahren gegessen habe", sagte er.

„Dein Neffe hätte zum Abendessen bleiben sollen", sagte Gerald lächelnd.

„Ich hoffe, ich werde ihn nie wieder sehen; er ist ein sehr schlechter Mann."

„Er wird es nicht wagen, in diese Siedlung zurückzukehren. Er musste sich einem Spießrutenlauf stellen und hatte Glück, mit dem Leben davonzukommen. Nun lass mich dir die anderen Räume zeigen."

Es gab zwei weitere Zimmer, jedes mit einem bequemen Bett ausgestattet. In den kleineren steckte Gerald seinen Rucksack, packte seine Kleidung aus und legte sie in die Schubladen einer kleinen Kommode.

„Wo sind Ihre Kleider, Mr. Nixon?" er hat gefragt.

Der alte Mann sah verlegen aus.

„Ich habe nur sehr wenige", sagte er, „und die sind ziemlich abgenutzt."

„Darf ich dir etwas kaufen?"

„Ich wünschte, du würdest es tun; und du kannst die alten genauso gut wegwerfen. Nimm alles Geld, das du brauchst, und geh in den Laden."

„Ich sehe, Sie haben Vertrauen in mich, Mr. Nixon."

„Ja, ich habe das Gefühl, dass du ein guter Junge bist und dass ich dir vertrauen kann. Du hast bereits einen neuen Mann aus mir gemacht. Heute Morgen dachte ich, ich wäre dem Tode sehr nahe. Jetzt fühle ich mich zehn Jahre jünger."

Während des restlichen Tages bemühte sich Gerald, eventuelle Mängel im Haushalt zu beheben und sorgte für alles, was an Komfort benötigt wurde. Als es Abend wurde, wurden die Lampen angezündet und die neue Residenz wirkte heimelig. Mit der Zustimmung von Herrn Nixon wurde dafür gesorgt, dass alle Mahlzeiten vom Hotel herübergeschickt wurden.

Die Schachtel mit den Goldmünzen war im Wohnzimmer abgestellt worden.

„Ich wünschte, Ihr Gold wäre an einem sicheren Ort, Mr. Nixon", sagte Gerald, als sein Blick auf die Blechdose fiel.

„Sie können es morgen zur Bank in Fairfield bringen", sagte der alte Mann; „Das heißt, das meiste davon. Wir werden jeden Tag etwas brauchen, um es auszugeben."

„Sehr gut. Ich werde ein Team von Herrn Loche engagieren und morgen früh vorbeifahren. Haben Sie dort schon einen Account?"

„Ja. Ich habe fünftausend Dollar auf der Bank."

„Sie müssen mir etwas zu tun geben, Mr. Nixon. Ich werde mich um jedes Geschäft kümmern, das Aufmerksamkeit erfordert – vorausgesetzt, Sie denken, ich sei kompetent."

„Ich werde Ihr Angebot gerne annehmen; aber wenn Sie in meine Dienste treten , müssen Sie bezahlt werden."

„Herr Nugent wird dafür sorgen, dass ich bezahlt werde."

„Nein, nein, ich kann es nicht zulassen. Ich bin ein reicher Mann. Es ist richtig, dass ich Sie bezahle. Ich werde Ihnen –“ er hielt einen Moment inne – „sechzig Dollar im Monat und Ihre Verpflegung geben. Wird das ausreichen?“ ?"

„Es ist ein hohes Gehalt für einen Jungen.“

„Sie werden die Arbeit eines Mannes erledigen.“

„Ich fürchte, meine Dienste werden dieses Geld nicht wert sein.“

„Haben Sie in dieser Hinsicht keine Angst. Ich bin ein reicher Mann, wie ich Herrn Nugent geschrieben habe. Ich könnte fast hunderttausend Dollar wert sein.“

„Ist Ihr Vermögen im Vergleich bekannt?“

„Nein. Ich glaube nicht, dass mich irgendjemand für einen Wert von mehr als fünftausend Dollar hält. Das ist ein Glück für mich, sonst hätte es vielleicht schon früher Versuche gegeben, mich auszurauben.“

„Wie wird Ihr Eigentum investiert, wenn es Ihnen nichts ausmacht, es mir zu sagen?“

„Ich habe ein paar Minen drüben in der nächsten Grafschaft. Ich war zu krank, um mich um sie zu kümmern. Ich werde dich bald an meiner Stelle schicken.“

„Ich werde mein Bestes geben, Mr. Nixon; aber ich wünschte, ich wäre älter.“

„Du bist ein kluger Junge. Ich bin sicher, dass du alles tun kannst, was erforderlich ist.“

Am nächsten Morgen ging Gerald zu Joe Loches Laden. Er hatte bereits erfahren, dass Joe der wichtigste Geschäftsmann im Ort war. Neben seinem Ladenteam verfügte er über ein zusätzliches Pferd und einen Wagen, die er an jeden vermietete , der etwas mieten wollte. Er stimmte bereitwillig zu, es Gerald zu überlassen.

"Wo gehst du hin?" er hat gefragt.

„Nach Fairfield“, antwortete Gerald. „Ist der Weg leicht zu finden?“

„Ja, es ist eine gerade Straße.“

„Ich möchte die Bank besuchen. Ich werde über tausend Dollar in Gold nehmen, die Herrn Nixon gehören.“

„Ja, in der Bank wird es besser sein als in seinem Haus. Sind Sie mit dem alten Mann verwandt?“

„Nein, aber ich werde ihm bei seinen Geschäften helfen. Er ist zu schwach, um sich selbst darum zu kümmern.“

„Pass auf, dass du nicht ausgeraubt wirst“, sagte Joe mit einem Lächeln. „Es ist ein einsamer Weg.“

„Ja, ich werde vorsichtig sein.“

# KAPITEL XXV
## Eine gefährliche Fahrt

GERALD achtete kaum auf die Vorsicht, die man ihm gegeben hatte. Er betrachtete es eher als Scherz denn als Ernst. Hätte er aber gewusst, dass dem Gespräch ein Fremder zugehört hatte, dessen äußeres Erscheinungsbild an einen Landstreicher oder Desperado erinnerte, hätte er eine gewisse Besorgnis verspürt. Dieser Mann war seit ein paar Tagen im Dorf; Er war einer der Faulenzer im Laden gewesen und hatte sich den ganzen Klatsch angehört, der im Umlauf war. Unter anderem hatte er von dem versuchten Raubüberfall gehört, dem Thomas Nixon beinahe zum Opfer gefallen wäre, und hatte mit Interesse den Spekulationen über die Geldbestände des alten Mannes zugehört.

Als er das Gespräch zwischen Gerald und dem Ladenbesitzer hörte , verstand er, dass der Junge im Begriff war, eine große Summe Goldmünzen zur Bank in Fairfield zu bringen. Nun befand sich Saul Gridley in einem mittellosen Zustand. Er hatte großen Geldmangel und war keineswegs gewissenhaft, was die Art und Weise anging, wie er seine erschöpfte Brieftasche füllen sollte. Er hatte in mehr als einem Gefängnis gesessen und hatte keinen Charakter, den er verlieren könnte. Es ist daher nicht verwunderlich, dass er die gegenwärtige Gelegenheit für eine gute Gelegenheit hielt, seine Finanzen in einen zufriedenstellenden Zustand zu bringen. Die Ausgabe von Anleihen – eine in letzter Zeit populär gewordene Methode – war nicht praktikabel. Er formulierte schnell seine Pläne und machte sich in schnellem Tempo auf den Weg nach Fairfield.

Gerald wurde eine halbe Stunde lang festgehalten, auch weil er zum Haus von Nixon zurückkehren musste, um das Gold zu holen. Auch dort fand er etwas, das er für den alten Mann tun konnte. Er hob die Blechdose in den Wagen und machte sich auf den Weg.

Als er zwei Meilen auf der Straße zurückgelegt hatte , begann er über die Warnung nachzudenken, die Joe Loche ihm gegeben hatte . Er sah, dass der Weg einsam war. Es war uneben und nicht quer durch die ebene Prärie, denn Montana ist, wie der Name schon sagt, ein hügeliger Staat.

„Es wäre durchaus möglich, dass ich ausgeraubt werde, wenn ich einem Straßenräuber begegne", überlegte er. „Ich bin nur ein Junge, und da ich durch die Fürsorge eines Teams behindert bin, sollte ich nicht in der Lage sein, Widerstand zu leisten. Was soll ich tun, um die Sicherheit zu gewährleisten ? "

Gerald begann an der Zweckmäßigkeit zu zweifeln, das Gold in der Blechkiste zu transportieren, da bei dem jüngsten Raubversuch allgemein bekannt geworden war, dass Mr. Nixon die Kiste als Behälter für seinen Schatz benutzte. Jeder, der es im Wagen sah, würde sofort seinen Inhalt vermuten. Diese Angelegenheit konnte jedoch ohne großen Aufwand in Ordnung gebracht werden.

Im Gegensatz zu den meisten westlichen Staaten ist Montana felsig und in der Nähe gab es viele Felsen und kleine Steine. Das brachte Gerald auf eine Idee. Er hielt sein Pferd an und begann, die Goldmünzen in seine Taschen zu stopfen. Dann verließ er das Team und sammelte die gleiche Menge kleiner Steine ein. Diese steckte er in die Blechdose und verschloss sie dann mit einem Schlüssel, den ihm Mr. Nixon gegeben hatte. Die Steine klapperten, als das Team über die holprige Straße lief.

„Ich glaube nicht, dass es nötig war", sagte sich Gerald. „Trotzdem ist es gut, auf der sicheren Seite zu sein."

Er fuhr eine Meile weiter. Auf den drei Meilen war er nur einer Gruppe begegnet, denn die Straße war wenig befahren, da Montana nur spärlich besiedelt war und die Städte weit voneinander entfernt lagen. Gerald begann zu denken, dass er auf der gesamten Strecke niemandem begegnen sollte. Das wäre natürlich zufriedenstellend und würde ihm alle Sorgen ersparen. Wenn er jemanden traf , nachdem sein Auftrag erledigt war und das Geld sicher in der Fairfield-Bank verwahrt war, wäre das egal.

Es war ein Glück, dass Gerald den Transfer durchführte, denn nach weniger als einer halben Meile wurde er von dem Mann angehalten, der das Gespräch zwischen ihm und Joe Loche belauscht hatte .

„Kannst du einen armen Kerl nicht mitnehmen, Junge?" fragte der Landstreicher.

Gerald zögerte. Er bemerkte das Aussehen des Mannes und kam zu dem Schluss, dass es vielleicht nicht sicher wäre, ihn direkt abzulehnen.

"Wohin willst du gehen?"

„Ein oder zwei Meilen", antwortete der Landstreicher mit einem anzüglichen Blick.

Gerald überlegte, ob es sicherer wäre, das Pferd anzuschnüren und zu versuchen, seinem lästigen Bekannten zu entkommen, aber es schien nicht praktikabel zu sein. Doch ihn mit einem so wertvollen Schatz an Bord als Passagier mitzunehmen, war sicherlich gefährlich. Wenn er sicher gewesen wäre, dass der Landstreicher nicht bewaffnet war, hätte er vielleicht einen Fluchtversuch unternommen; aber da konnte er sich nicht sicher sein.

„Ich werde Sie etwa eine Meile weit mitnehmen", sagte er.

Mit einem Lächeln kletterte der Landstreicher hinein und nahm neben ihm Platz. Mit einem zufriedenen Gesichtsausdruck streckte er seine Beine aus.

„Und wohin gehst du vielleicht, Junge?" fragte er Gerald.

„Ich gehe nach Fairfield."

"Im Geschäft?"

„Nun, es gibt da noch eine Kleinigkeit, um die ich mich kümmern muss."

"Wo wohnst du?"

„Ich lebe derzeit in Campville ."

„Das ist das Team von Joe Loche , nicht wahr?"

"Ja."

„Du lebst doch nicht bei ihm, oder?"

"NEIN."

„Mit wem denn?"

„Mit einem alten Mann in der Nähe des Ladens."

„Alter Mann Nixon?"

„Ja", antwortete Gerald widerstrebend.

„Humph! Das ist der Mann, der gestern beinahe ausgeraubt worden wäre?"

„Ja", antwortete Gerald unbehaglich.

„Mal sehen. Er hatte eine Menge Goldstücke im Haus."

„Du scheinst alles darüber zu wissen."

„Ja, ich habe es gehört. Er hat sie in einer Blechdose aufbewahrt – ganz ähnlich", und der Landstreicher deutete auf die Kiste im Wagen.

„Nun, angenommen, er hätte es getan?" sagte Gerald und musterte seinen Begleiter aufmerksam.

Der Landstreicher lachte.

„Nur, dass du die Kiste in diesem Wagen hast und auch das Gold."

„Jetzt geht's los!" dachte Gerald. „Die Krise ist nah!"

„Sie könnten sich irren", antwortete er und versuchte, seine Aufregung nicht zu zeigen.

„Und vielleicht auch nicht. Du bringst das Gold zur Bank in Fairfield."

„Wer hat dir das gesagt?"

„Ah, die Katze ist aus dem Sack!" sagte der Landstreicher triumphierend.

„Nun", sagte Gerald mit scheinbarer Offenheit, „wie Sie zu wissen scheinen, kann ich genauso gut zugeben, dass Sie Recht haben. Ich bin froh, Sie bei mir zu haben, denn jemand könnte versuchen, mich auszurauben, und darauf kann ich mich verlassen . " auf Ihre Hilfe."

Der Landstreicher lachte lange und laut.

„Oh ja", antwortete er, „Sie können sich auf mich verlassen. Ich werde niemandem das Geld überlassen."

„Danke! Ich fühle mich jetzt sicher."

Der Landstreicher lachte erneut. Für ihn schien es ein köstlicher Witz zu sein.

Er schien es nicht eilig zu haben, die Beute in Besitz zu nehmen, da er sicher war, dass er sie jederzeit haben könnte. Es war ein guter Witz, dass Gerald gegenüber seinen Absichten völlig ahnungslos zu sein schien.

„Wie viel Gold könnte in der Kiste sein?" er hat gefragt.

„Nicht weit von tausend Dollar", sagte Gerald offenherzig.

Der Landstreicher schmatzte. So viel Beute hatte er noch nie erbeutet. Es schien wirklich ein großer Glücksfall zu sein.

„Tausend Dollar!" er wiederholte. „Das ist eine große Summe!"

„Ja, es ist eine große Summe, wie Sie sagen."

„Angenommen, Sie und ich teilen es auf. Das wären fünfhundert pro Person."

„Ich sehe, du machst Witze", sagte Gerald. „Es gehört nicht uns. Es gehört Mr. Nixon."

„Er ist ein alter Mann. Er braucht es nicht . Außerdem hat er noch viel mehr."

„Hat er das wirklich?" fragte Gerald unschuldig.

„Natürlich! Jeder weiß, dass der alte Mann ein Geizhals ist. Ich habe keinen Zweifel daran, dass er zehntausend Dollar wert ist."

„Ich habe auch keinen Zweifel", sagte Gerald zu sich selbst. „Aber das geht uns natürlich nichts an."

„Schau her, Junge, du scheinst so einfach zu sein, wie man sie nennt .“

"Warum?" fragte Gerald affektiert überrascht.

„Sie können nicht sehen, dass ich ein schlechter Mensch bin und mir vorgenommen habe, dieses Gold zu haben.“

„Das meinst du nicht wirklich so? Du versuchst mir Angst zu machen.“

„Kein Unsinn mehr! Halte das Pferd an und ich werde dir die Box abnehmen.“

„Aber was wird Herr Nixon sagen?“

„Sag ihm, dass es dir genommen wurde.“

„Oh, das ist schrecklich! Willst du nicht zehn Dollar nehmen und mich gehen lassen?“

„Nein, ich muss das Ganze haben. Stoppt das Pferd, sage ich!“

Mit einem Anschein großen Widerwillens gehorchte Gerald den Anweisungen und hielt das Pferd an.

Der Landstreicher stieg vom Wagen.

„Jetzt gib mir die Kiste“, sagte er.

Gerald erlaubte ihm, die Schachtel herauszunehmen. Dann trieb er das Pferd an und überließ dem Landstreicher, wie er vermutete, die Kontrolle über die Situation.

Er lachte, als er Gerald wegfahren sah.

„Der Junge hat ziemliche Angst“, sagte er sich.

# KAPITEL XXVI
## SAUL GRIDLEY SUCHT RACHE

DER Landstreicher amüsierte sich nur über Geralds überstürzte Flucht. Es hatte keinen Zweck, ihn zu verfolgen, da er erhalten hatte, was er suchte: die Schachtel mit den Goldmünzen. Er hatte es eilig, es zu öffnen und sein Glück zu erkennen. Er hatte das Gefühl, dass Fortune freundlich zu ihm gewesen war. Sobald das Gold in seine Taschen gelangt war, verließ er die Nachbarschaft, da er genau wusste, dass der Raub nach der Bergarbeiterordnung mit dem Tode bestraft werden würde.

Es gab jedoch ein Hindernis, das ihn daran hinderte, die Früchte des Sieges zu erkennen. Die Blechdose war verschlossen.

„Warum hat mir der Junge nicht den Schlüssel gegeben?" beschwerte er sich in einem genervten Ton.

Allerdings war das keine ernsthafte Überlegung. Er konnte die Kiste mit einem großen Stein aufbrechen und machte sich sofort auf die Suche nach einem solchen. Er musste eine ganze Weile zurücklegen, bis er eines fand, das seinen Zweck erfüllte. Während er die Kiste trug, hörte er währenddessen von Zeit zu Zeit das Klappern der Münzen, während er das Geräusch interpretierte, obwohl, wie wir wissen, das Geräusch von den Kiessteinen stammte, mit denen Gerald die Kiste beschwert hatte. Allerdings verlängerte es seine Vorfreude nur, und Vorfreude ist immer angenehm. Er lachte vor sich hin, als er an Gerald dachte, der ohne das Gold in der Bank ankam. Es war eindeutig der reichhaltigste Witz der Saison.

Schließlich fand er einen Stein, der seinen Zweck erfüllte, und begann , das Schloss der Kiste einzuschlagen. Es gab nur eine leichte Verzögerung. Der Deckel flog auf, und mit einem Lächeln voller freudiger Vorfreude blickte der Dieb hinein.

Die Bitterkeit seiner Enttäuschung kann man sich kaum vorstellen. Der Kelch des Erfolgs wurde von seinen Lippen geschüttet, gerade als er bereit war, seinen Inhalt zu kosten. Das Ergebnis seines Unternehmens war nur ein Haufen Kiessteine!

„Der Junge hat mich zum Idioten gemacht!" sagte er bitter. „Aber wo ist das Gold?"

Er brauchte nicht lange, um die Art des Streichs zu erraten, den Gerald ihm gespielt hatte. Er knirschte vor Wut mit den Zähnen, als er an Gerald dachte, der mit dem Gold in seiner Tasche oder anderswo im Wagen versteckt davonritt.

„Ich würde das Kind am liebsten erwürgen!" Er knurrte zwischen seinen zusammengebissenen Zähnen.

Er verstand jetzt, warum Gerald so schnell weggefahren war. Hätte es auch nur die geringste Chance gegeben, ihn zu überholen, hätte er die Verfolgung aufgenommen. Aber zu diesem Zeitpunkt war der Junge schon fast eine Meile entfernt, und es wäre dumm von ihm gewesen, einen solchen Gedanken zu hegen.

In seiner Wut trat er wütend gegen die Blechdose; Und damit nicht zufrieden, hob er es auf und warf es so weit er konnte. Er stellte sich vor, wie Gerald die Bank betrat, das Gold deponierte – sein Gold, wie er es betrachtete – und die Bankbeamten mit einem Bericht über die Art und Weise unterhielt, wie er dem Räuber entkommen war. Wenn er sich nur an Gerald rächen könnte, wäre das eine Genugtuung, obwohl die Goldmünzen verloren gingen.

Unterdessen setzte Gerald seinen Weg fort, bis er das Ufer erreichte. Er stellte sich dem Kassierer als Vertreter von Herrn Nixon vor und begann, die Goldmünzen aus seiner Tasche zu ziehen.

„Sie scheinen mit Gold beladen zu sein", sagte der Kassierer. „Warum hast du das Geld nicht in einer Kiste oder Tüte mitgebracht?"

„Ich habe damit angefangen, es in einer Schachtel zu verstauen, habe es aber zur Sicherheit in meine Taschen gesteckt."

„Du dachtest, das sei sicherer?"

„Ja, Sir. Ohne meine Tat hätte man mich ausrauben müssen."

"Wie ist das?"

Gerald erklärte die Begegnung mit dem Landstreicher.

„Ich sehe, Sie haben Recht", sagte der Kassierer anerkennend. „Der Dieb wird wahrscheinlich erheblich enttäuscht sein, wenn er die Schachtel öffnet."

„Ich wäre gerne dabei gewesen und hätte seine Überraschung miterlebt", sagte Gerald lachend.

„Hast du keine Angst, dass er dir auf dem Rückweg auflauert und versucht, sich zu rächen?"

Gerald sah nachdenklich aus. Er erkannte die Gefahr.

„Was würden Sie mir raten?" er hat gefragt.

„Ich werde es dir sagen. Wie schnell fängst du an?"

"In einer Stunde."

„Würden Sie etwas gegen einen Begleiter haben?"

„Nein. Ich würde mich über Gesellschaft freuen."

„Dann kann es arrangiert werden. Mein Schwager möchte nach Campville gehen. Er ist ein starker, robuster Mann, der 1,80 Meter groß ist und die Waage auf 200 kippen würde. Wenn Sie ihn bei sich haben , ich Ich denke, dein unehrlicher Freund wird es nicht eilig haben, dich anzugreifen.

Gerald hörte diesen Worten mit Zufriedenheit zu. Er wusste, dass der Straßenräuber ihm an Körperkraft mehr als gewachsen war und ihm eine schwere Verletzung zufügen könnte. Der vorgeschlagene Plan würde seine Sicherheit gewährleisten .

In diesem Moment betrat die besagte Person zufällig die Bank.

„Louis", sagte der Kassierer, „hier ist ein junger Mann, der Ihnen anbietet, Sie nach Campville zu fahren ."

„Ich werde es als einen ziemlichen Gefallen betrachten."

„Ich sollte Sie warnen, dass er möglicherweise von einem Straßenräuber angehalten wird. Wenn Sie nervös sind –"

„Wenn es nur eine Person gibt, denke ich, dass wir mit ihr klarkommen, Herr –"

„Lane – Gerald Lane. Mr. Lane, hier ist mein Schwager, Louis Bean."

Gerald schüttelte seinem neuen Bekannten die Hand und erzählte kurz von seiner Begegnung mit dem Landstreicher auf dem Weg dorthin.

„Wir werden ihm einen herzlichen Empfang bereiten, wenn er es unternimmt, uns anzugreifen, Mr. Lane. Sie haben ihm einen schönen Streich gespielt. Sie vertreten also Mr. Nixon?"

„Ja, Sir. Ich werde eine Zeit lang bei ihm bleiben."

„Kennen Sie ihn schon lange?"

„Ich wurde von einem Freund aus dem Osten losgeschickt, dem er schrieb und ihm erklärte, dass er Hilfe brauche."

„Ich nehme an, der alte Mann ist reich?"

„Jedenfalls hat er genug Geld, um seinen Lebensunterhalt bequem zu bestreiten."

„Davon hat er seit einigen Jahren nicht mehr viel genossen. Ich erinnere mich an seine Hütte in Campville . Sie war für niemanden zum Leben geeignet."

„Ich habe ihn überredet, in das Haus zu ziehen, in dem früher Jim Morris wohnte."

„War er bereit, umzuziehen? Haben ihm die Kosten nichts ausgemacht?"

„Mr. Nixon ist kein gemeiner Mann. Er lebte schlecht, weil er nicht genug Energie hatte, um andere Vorkehrungen zu treffen. Er lässt mich für ihn ausgeben, was ich will."

„Er hat das Glück, jemanden zu haben, der sich um ihn kümmert. Wann möchten Sie anfangen?"

„Sobald ich etwas zu Abend gegessen habe. Gibt es ein Restaurant oder ein Hotel in der Stadt?"

„Nein, aber ich werde Sie zu mir nach Hause bringen. Mrs. Bean wird Ihnen gerne ein Abendessen anbieten."

Eine halbe Stunde später machten sich Gerald und sein neuer Freund auf den Weg nach Campville .

„Wenn Ihr Freund vom Morgen Sie aufhält", sagte Louis Bean, „wird es an einem etwa vier Meilen entfernten Punkt sein. Wenn wir uns dem Ort nähern, werde ich aussteigen und mich verstecken, um ihm Gelegenheit zu geben, zu zeigen, was er vorhat." zu tun. Ich werde dafür sorgen, dass er keinen Schaden anrichtet. Wir werden einen weiteren Witz auf seine Kosten machen!"

Dieser Vorschlag gefiel Gerald, der keine Einwände gegen ein zweites Unwohlsein des Schurken hatte, dem er bereits einmal knapp entkommen war.

An der von seinem Begleiter angegebenen Stelle stieg Louis Bean aus dem Wagen und versteckte sich hinter einer Baumgruppe.

„Vielleicht hat er mich gesehen", sagte er. „Wenn ja, werden wir keinen Spaß haben. Wir werden es bald herausfinden."

„Wenn die Dinge nahe der Gefahrengrenze sind", sagte Bean, „pfiffen Sie."

Gerald fuhr langsam weiter und hoffte, dass der Grobian auftauchen würde. Er hatte einen Sinn für Humor, der sich über die Gelegenheit freuen würde, den Spieß umzudrehen.

Saul Gridleys Zorn hatte sich in den drei Stunden nicht abgekühlt, seit er Gerald davonreiten sah, nachdem er ihm einen Streich gespielt hatte, der ihn umso mehr demütigte, als er das Gefühl hatte, von einem bloßen Jungen besiegt worden zu sein. Er beschloss, ihn für den Trick zu bestrafen, und war sich sicher, dass er dazu eine Chance haben würde. Es gab nur einen Weg, auf dem Gerald von Fairfield zurückkehren konnte – denselben Weg, den er gegangen war.

---

# KAPITEL XXVII
## SAUL GRIDLEY'S UNANGENEHME ÜBERRASCHUNG

PLÖTZLICH , fünf Minuten nachdem Bean den Wagen verlassen hatte, erschien die große Gestalt von Saul Gridley mitten auf der Straße. Er lächelte grimmig.

„ Also bist du zurückgekommen?" sagte er, als Gerald vorfuhr.

„Ja", antwortete Gerald ruhig, obwohl sein Herz vor Aufregung schnell klopfte.

„Das war ein gemeiner Streich, den du mir gespielt hast!"

"Wie meinst du das?"

„Du weißt es gut genug. Du hast dich für sehr schlau gehalten, als du mit dem Gold davongeritten bist und mir eine Kiste mit Kiessteinen hinterlassen hast!"

„Ich hatte keine Lust, dir das Gold zu geben. Du hast mich gebeten, dir die Blechdose zu geben, und das habe ich getan!"

„Ja, aber Sie wussten, was ich wollte. Ist Ihnen nicht in den Sinn gekommen, dass ich Sie bei Ihrer Rückkehr von der Bank aufhalten würde?"

„Nun, das haben Sie getan! Was haben Sie vor?"

„Um dich bis auf einen Zentimeter deines Lebens auszupeitschen!" sagte der Landstreicher wütend. „Steigen Sie einfach aus dem Wagen und wir machen uns an die Arbeit!"

Während er sprach, ergriff er den Zügel und Gerald spürte, dass die Krise gekommen war. Er zog die Pfeife aus seiner Tasche und blies einen lauten Ton darauf.

Saul Gridley erschrak durch den Pfiff. Was sollte das heißen? Er kam zu dem Schluss, dass es nur eine List war, die ihn erschrecken sollte.

„Keine deiner Dummheiten!" rief er wütend. „Es wird nichts nützen. Steigen Sie sofort vom Wagen ab!"

„Danke. Das würde ich lieber nicht tun", sagte Gerald gelassen.

„Dann, mein Junge, werde ich dich runterziehen!"

Er wollte seine Drohung wahr machen, als etwas geschah, das ihn wirklich erschreckte. Eine Kugel zischte an seinem Ohr vorbei.

"Was!" Er begann erschrocken, aber der Satz war noch nicht zu Ende, denn Louis Bean stürzte aus einem Versteck, in dem er sich versteckt hatte, auf die Bühne. Saul Gridley starrte ihn mit benommenem Gesichtsausdruck an.

„Was hast du da vor, du Schlingel?" forderte Bean streng.

Saul Gridley war ein Mann, der sich gegenüber jemandem, der ihm an Stärke unterlegen war, als Tyrann verhalten konnte, aber in der Gegenwart seines körperlichen Überlegenen war er ein Feigling.

„Warum hast du auf mich geschossen?" fragte er nervös. „Du hättest mich töten können!"

„Ich glaube nicht, dass dich jemand vermisst hätte. Aber du hast meine Frage nicht beantwortet. Was hast du gemacht?"

„Ich – ich habe nur ein wenig mit dem Jungen geredet", antwortete er stammelnd.

„Oh, das ist alles, oder?"

"Ja."

„Was hat er zu dir gesagt, Gerald?"

„Er befahl mir, aus dem Wagen auszusteigen, und drohte, mich bis auf den letzten Zentimeter auszupeitschen."

„Das nennt man ein bisschen reden", sagte Bean. „Was haben Sie dazu zu sagen?"

„Der Junge muss mich missverstanden haben", stammelte Gridley.

„Ich meine nicht, dass du mich missverstehen sollst! Du hast vor ein paar Stunden versucht, diesen Jungen auszurauben."

„Ich habe ihn nicht ausgeraubt. Fragen Sie ihn, ob ich es getan habe."

„Nein, weil er zu scharfsinnig für dich war. Wie heißt du?"

„Saul Gridley", antwortete der Landstreicher widerstrebend.

„Wie lange sind Sie schon in dieser Gegend?"

"Zwei Tage."

„Es ist keine gesunde Nachbarschaft für einen Mann in Ihrer Branche. Wenn Ihr Raubversuch in Campville bekannt werden sollte , würden Sie wahrscheinlich sofort verhaftet. Lassen Sie mich jedoch nicht in Ihre Pläne eingreifen. Sie wollen um den Jungen auszupeitschen. Nun, fahren Sie mit der Auspeitschung fort!"

„Das war nur ein Witz“, sagte Saul Gridley und begann nervös und besorgt zu wirken.

„Dann nehmen Sie an, Sie versuchen, mich auszupeitschen. Ich biete mich an die Stelle des Jungen an.“

„Ich habe keine Lust, es zu unternehmen.“

„Da sind Sie klug. Für Sie wäre es der größte Auftrag, den Sie jemals abgeschlossen haben. Gerald, was –“

"Lass mich gehen!" sagte Saul nervös.

„Ich glaube, ich bringe dich besser mit dem Wagen nach Campville .“

„Nein, nein – sie würden mich töten!“ rief Saul, wütend vor Angst.

„Ich überlasse es dem Jungen. Was soll ich mit diesem Mann machen?“

„Lassen Sie ihn gehen, wenn er verspricht, die Nachbarschaft sofort zu verlassen.“

„Hast du gehört? Willst du dem zustimmen?“

„Ja“, war die eifrige Antwort.

„Und versprichst du mir, nie wieder zurückzukommen?“

„Ja; ich verspreche es feierlich!“

„Du solltest besser dein Versprechen halten. Als Gerald von deinem Versuch erzählt, ihn auszurauben, machen sich vielleicht einige seiner Freunde auf die Jagd nach dir.“

„Erzähl es erst morgen“, bat Saul.

„Nein, das werde ich nicht. Ich gebe dir Zeit, wegzukommen“, sagte Gerald.

„Du solltest besser sofort anfangen“, fügte Bean hinzu.

Saul Gridley befolgte diesen Rat sofort. Als er noch hundert Meter entfernt war, schoss Louis Bean auf ihn und achtete darauf, ihn nicht zu treffen. Es versteht sich von selbst, dass der Flüchtende seine Geschwindigkeit erhöhte und bald außer Sichtweite war.

„Er hat große Angst“, sagte Bean lachend. „Ich glaube nicht, dass wir noch mehr Ärger mit ihm haben werden.“

In Campville angekommen , stieg Bean am Lebensmittelladen aus, wo Gerald den Wagen abstellte. Er ging sofort zurück zum Nixon-Haus.

Die Augen des alten Mannes leuchteten, als Gerald eintrat.

„Ich freue mich, dass Sie zurückgekommen sind“, sagte er. „Ich fühlte mich einsam, während du weg warst.“

„Ich bin froh, dass du mich vermisst hast“, sagte Gerald sanft. „Ich habe das Geld auf der Bank hinterlegt, und hier ist das Sparbuch.“

„Sehr gut. Du kannst es in meinen Schreibtisch legen.“

„Kann ich irgendetwas für Sie tun, Mr. Nixon? Wurde Ihr Abendessen aus der Pension mitgebracht?“

„Ja, aber wenn ich alleine aß, hatte ich nicht so viel Appetit.“

„Dennoch hast du jahrelang allein gelebt?“

„Es lebte nicht – es existierte nur. Jetzt fühle ich mich viel besser, seit Herr Nugent mir vergeben und mir erlaubt hat, Sühne zu leisten. Haben Sie ihm geschrieben, seit Sie hierher gekommen sind?“

„Nein. Das würde ich gerne tun. Haben Sie Papier und Tinte?“

„Schreibmaterial finden Sie im Schreibtisch.“

„Wenn ich nichts für Sie tun kann, schreibe ich sofort.“

"Tun Sie dies."

Gerald schrieb kurz und berichtete von seiner Ankunft in Campville und dem Zustand, in dem er den Mann vorfand, zu dem er geschickt wurde.

Als er fertig war, fragte er: „Würden Sie nicht ein paar Zeilen hinzufügen, Mr. Nixon?“

„Ich fühle mich dem Schreiben nicht gewachsen, aber ich werde dir diktieren, ob du für mich schreibst.“

„Das werde ich gerne tun.“

Gerald hielt mit seinem Stift bereit. Nach kurzer Zeit begann Thomas Nixon zu diktieren:

> „ HERR NUGENT – Sehr geehrter Herr, ich kann Ihnen gar nicht genug für Ihre Freundlichkeit danken, mit der Sie mein schweres Vergehen übersehen und mir Gerald Lane geschickt haben. Zuerst war ich überrascht, dass Sie sich für einen so jungen Boten entschieden haben, aber ich habe bereits genug gesehen, um dies zu rechtfertigen Ihre Wahl. Er hat einen neuen Mann aus mir gemacht und mir ein komfortableres Zuhause gegeben. Ich brauchte dringend jemanden, der mir in meinem Geschäft hilft, denn ich bin zu alt und zu schwach, um mich selbst darum zu kümmern.

„Eines möchte ich sagen: Ich möchte nicht, dass Sie auf meine Kosten kommen. Ich werde dafür sorgen, dass Geralds Ausgaben bezahlt werden und dass er ein zufriedenstellendes Gehalt hat. Ich nehme an, dass ich von den Leuten in als Geizhals angesehen werde." das Dorf, aber es ist wahr, dass mir Geld nicht besonders am Herzen liegt, obwohl ich es für eine Pflicht halte, für das zu sorgen, was ich habe, und damit, was ich kann, für meine vergangenen Verfehlungen Wiedergutmachung zu leisten. Ich werde für alle Ausgaben sorgen Die Ihnen bereits entstandenen Kosten werden bezahlt. Dank Ihrer freundlichen Vorkehrungen eröffnet sich mir ein neues Leben, und ich hoffe, dass der Abschluss meines Lebens ehrenvoller sein wird als die Jahre, die vergangen sind.

„Respektvoll und dankbar,

„ THOMAS NIXON ."

Gerald steckte die beiden Briefe in einen Umschlag und trug sie zur Post. Dies befand sich in einer Ecke des Lebensmittelladens, und Joe Loche , der anscheinend der beschäftigtste und wichtigste Mann in Campville war , war der Postmeister.

In ein paar Tagen werden wir dem Brief nach Portville folgen.

Für Herrn Nugent war es eine große Genugtuung, da es sein Urteil bestätigte, einen so jungen Boten ausgewählt zu haben. Manchmal war ihm der Gedanke gekommen, dass es vielleicht unklug war, einem sechzehnjährigen Jungen so viel Verantwortung aufzubürden, doch sein Vertrauen in Gerald hatte dadurch nicht ernsthaft geschwächt.

Der Brief beseitigte alle Zweifel.

Erhalt des Briefes wurde ihm mitgeteilt, dass eine Dame ihn sehen möchte.

"Wer ist es?" er hat gefragt; aber der Diener war ein neuer und konnte nicht antworten.

„Zeig sie her!" sagte er kurz.

Sofort trat Mrs. Lane in seine Gegenwart.

„Nehmen Sie Platz, Mrs. Lane", sagte Mr. Nugent höflich. „Kann ich irgendetwas für Sie tun?"

„Ich möchte wissen, ob Sie von Gerald gehört haben?" sagte Mrs. Lane plötzlich.

„Ich habe gerade einen Brief von ihm erhalten."

"Kann ich es sehen?"

„Ich muss Ihre Anfrage ablehnen, da der Brief bis zu einem gewissen Grad vertraulich ist.“

„Willst du mir jedenfalls sagen, woher der Junge geschrieben hat?“

John Nugent zögerte.

„Da er mein Stiefsohn ist, habe ich ein Recht darauf, es zu erfahren.“

„Ich freue mich, dass Sie Interesse an Ihrem Stiefsohn zeigen. Er schreibt mir aus Montana.“

"Montana!" rief Mrs. Lane. „Ist das nicht weit weg?“

„Zweitausend Meilen oder mehr.“

„Und er ist nur ein Junge!“

„Stimmt, aber er hat den Verstand und die Diskretion eines jungen Mannes.“

„Mir ist bewusst, dass Sie eine hohe Meinung von Gerald haben“, sagte Mrs. Lane genervt. „Ich betrachte meinen Abel in den Eigenschaften, die Sie nennen, als durchaus ebenbürtig.“

„Ich kenne Abel nicht gut“, sagte Herr Nugent höflich. „Wenn Sie Recht haben, ist Ihnen meines Erachtens zu gratulieren.“

„Wie lange wird Gerald weg sein?“

„Das kann ich im Moment nicht sagen. Der Herr, zu dem ich ihn geschickt habe, ist sehr zufrieden mit ihm und wird ihm ein gutes Gehalt geben.“

„Gibst du mir seine Adresse?“

„Ich fühle mich dazu nicht frei; aber wenn Sie mir einen Brief hinterlassen, werde ich ihn weiterleiten.“

„Du scheinst zu vergessen, dass ich seine Stiefmutter bin.“

„Nein, das tue ich nicht. Wenn ich irgendetwas mit ihm höre, das dies rechtfertigt, werde ich Sie benachrichtigen.“

„Ich wünschte, Abel hätte seine Chance“, dachte Mrs. Lane, als sie aufstand, um zu gehen. „Mr. Nugent ist in diesen Jungen verliebt.“

# KAPITEL XXVIII
# Eine REISE ZU PFERD

DREI Monate vergingen und Gerald befand sich immer noch in seinem neuen Zuhause. In dieser Zeit gab es keine auffälligen Vorfälle, aber Gerald hatte auf stille Art und Weise eine Menge Veränderungen und Verbesserungen herbeigeführt . Das Haus wurde mit neuen Annehmlichkeiten ausgestattet, von Helena war ein Safe geschickt worden, in dem Thomas Nixon Wertpapiere und wertvolle Papiere aufbewahrte, und es wurde ein großer Teil der Korrespondenz geführt, wobei Gerald als Privatsekretär fungierte. Die Mahlzeiten wurden nicht mehr von der Pension hergeschickt, sondern eine junge Schwedin wurde als Dienerin und Haushälterin eingestellt. Kurz gesagt, Herr Nixon begann, wie andere Menschen zu leben.

Für Gerald war der Kauf eines Pferdes für ihn das wichtigste Ereignis. Zu dieser Zeit gab es in Campville kaum Eisenbahnanlagen , das Gehen über die rauen Hügel Montanas war schwierig und ermüdend; und als Gerald für seinen Arbeitgeber herumreiste, fand er ein Pferd von großem Nutzen. Er war jedenfalls in der Lage, der Aussage zu widersprechen, dass Thomas Nixon ein Geizhals sei, denn der alte Mann bot ihm wiederholt Geld außerhalb seines Gehalts an, aber Gerald hatte bisher dankend abgelehnt.

Eines Tages brachte Gerald einen Brief aus der Morgenpost mit, den Mr. Nixon mit nachdenklichem Interesse las.

„Vielleicht muss ich dich auf eine Reise schicken, Gerald", sagte er.

"Alles klar Sir."

„Dieser Brief stammt vom Leiter einer Goldmine in Ransom, fünfundsiebzig Meilen von hier entfernt. Ich besitze eine halbe Beteiligung an der Mine. Er schreibt mir, dass die Produktion in den letzten sechs Monaten zurückgegangen ist und dass der Wert Der Wert der Mine ist stark an Wert verloren. Abschließend bietet er zwanzigtausend Dollar für meinen Anteil an.

„Warum sollte er es kaufen wollen, wenn die Mine so stark abfällt?"

„Das ist mir in den Sinn gekommen. Abschließend lädt er mich ein, weiterzumachen und selbst Nachforschungen anzustellen. Er weiß, dass ich die Einladung wahrscheinlich nicht annehmen werde, da mein Gesundheitszustand nicht ausreichend gut ist."

„Hat der Superintendent angeboten, für sich selbst zu kaufen?"

„Er deutete an, dass es einen Mann aus New York gäbe, den er zum Kauf bewegen könnte. Ich vermute, durch eine falsche Darstellung der lohnenden Eigenschaften der Mine."

„Das wäre Betrug", sagte Gerald.

„Sicherlich, und ich möchte niemanden betrügen."

„Was war Ihrer Meinung nach der Wert Ihrer Hälfte der Mine?"

„Mindestens fünfunddreißigtausend Dollar."

„Was auch immer ich in dieser Angelegenheit für Sie tun kann, Mr. Nixon, das werde ich gerne tun."

„Ich werde Sie zu Ransom schicken, nicht als Vertreter, sondern zu einem Ermittlungsbesuch. Schauen Sie sich um, finden Sie heraus, was Sie können, und berichten Sie mir."

„Ich hoffe, dass ich mich zu Ihrer Zufriedenheit zufriedenstellen kann."

„Jedenfalls habe ich großes Vertrauen in Sie und werde mich von Ihrem Bericht leiten lassen."

„Ist Ransom weit weg von hier?"

„Etwa 75 Meilen. Der Weg dorthin führt quer durchs Land, und die Reise kann manchmal rau sein."

„Oh, ich kann es hart ertragen", sagte Gerald fröhlich. „Wird der Kommissar nicht überrascht sein, dass Sie seinen Brief nicht beantworten?"

„Ich werde darauf antworten. Ich werde schreiben, dass ich sein Angebot berücksichtigen werde – dass ich in einer so wichtigen Angelegenheit nicht sofort entscheiden kann. Ich werde auch hinzufügen, dass es aus gesundheitlichen Gründen zweifelhaft ist, ob ich zu Ransom gehen kann." , aber er kann mir alle weiteren Informationen schreiben, von denen er glaubt, dass sie mich interessieren könnten. Ich werde Ihnen auch ein Dokument geben, in dem Sie bestätigen, dass Sie mich vertreten, aber das darf nicht verwendet werden, es sei denn, es erscheint zweckdienlich."

„Ja, Sir, ich verstehe. Haben Sie weitere Anweisungen? Wann soll ich anfangen?"

„Sobald Sie sich fertig machen können. Ich werde zu Ihrer Orientierung eine Liste mit Orten entlang der Route erstellen. Ich würde Ihnen erlauben, Herrn Loche nach dem Weg zu fragen, den Sie einschlagen sollen, aber es könnte ans Licht kommen, wo Sie sind war verschwunden."

„Ich werde den Ort finden, Sir. Ich bin ein Yankee und kann Fragen stellen."

„Nehmen Sie das Geld, das Sie brauchen. Das überlasse ich Ihrem Ermessen."

„Sie haben großes Vertrauen in mich gesetzt, Mr. Nixon."

„Nun, so jung Sie auch sind, Sie sind meine rechte Hand. Mr. Nugent hätte mir keinen größeren Gefallen tun können, als Sie zu mir zu schicken."

Am Nachmittag des zweiten Tages fuhr Gerald einen felsigen Hügel hinauf, wahrscheinlich fünfzig Meilen unterwegs. Es war kein anderer Reisender in Sicht. Dies war die meiste Zeit seine Erfahrung gewesen. Durch die klare Atmosphäre konnte er jedoch einige verstreute Gebäude erkennen, die auf die Anwesenheit eines drei oder vier Meilen entfernten Dorfes hindeuteten.

„Ich wünschte, jemand würde mitkommen", dachte Gerald. „Ich habe seit drei Stunden kein Gesicht mehr gesehen."

Hätte Gerald vorhergesehen, wie seine Einsamkeit gestört werden würde, hätte er gezögert, einen solchen Wunsch zu äußern.

Zehn Minuten später hörte er ein schreckliches Brüllen und als er schnell aufblickte, wurde er bleich vor Bestürzung, als er bemerkte, dass ein riesiger Löwe mit rasender Geschwindigkeit auf ihn zukam.

Er hatte noch nie gehört, dass es in Montana Löwen gab, und seine Überraschung war fast so groß wie seine Angst.

# KAPITEL XXIX
# NERO

ER hatte weder Zeit noch Lust, über solch eine außergewöhnliche Erscheinung zu spekulieren. Er fühlte, dass sein Leben in Gefahr war, und er musste sofort darüber nachdenken, ob es eine Chance gab, es zu retten.

Er war mit einem Gewehr bewaffnet, zu dessen Einsatz er bisher noch keine Gelegenheit hatte. Er war im Umgang mit Schusswaffen nicht ungeübt, und glücklicherweise war das Gewehr geladen. Es schien seine einzige Chance auf Sicherheit zu sein, es zu nutzen.

Als sein Pferd den Löwen erblickte , schien es vor Schrecken fast wie gelähmt zu sein. Wenn der Löwe keinen anderen Anspruch darauf hätte, König der Tiere genannt zu werden, könnte der Schrecken, den er bei allen anderen Tieren hervorruft, als starker Beweis seiner königlichen Überlegenheit angesehen werden . Das Pferd stand völlig still, und Gerald schien es, als würde es so bleiben, bis der Löwe heraufkam. Da dies der Fall war, hielt er es für das Beste, vom Rücken des Pferdes zu rutschen und auf den Boden zu springen. Vielleicht war es seine Tat, die das Pferd zum Leben und zur Bewegung erweckte. Auf jeden Fall begann er einen wilden Lauf und erreichte ein Tempo, das in seiner Geschichte wahrscheinlich beispiellos war. Das Tier hätte seinem Reiter keinen besseren Dienst erweisen können. Bisher war die Aufmerksamkeit des Löwen zwischen dem Pferd und dem Jungen aufgeteilt. Als er nun das Pferd im schnellen Flug sah, überkam ihn der Jagdinstinkt. Mehr als einer hat ausgesagt, dass er den Drang verspürte, ihm zu folgen, wenn er eine Person oder ein Tier laufen sah. Dies war beim Löwen der Fall. Anscheinend bemerkte er Gerald nicht, sondern wich von seinem Kurs ab und machte sich auf die Verfolgung des Pferdes.

Als Gerald die glückliche Wendung bemerkte, die die Dinge genommen hatten, atmete er zutiefst erleichtert auf. Doch seine Erleichterung war nur vorübergehend. Es könnte nicht lange dauern, bis der Löwe das Pferd überholen und töten würde. Dann würde er, vom Anblick des Blutes erzürnt, wahrscheinlich umkehren und den Reiter verfolgen.

Was könnte Gerald tun?

Als sein Pferd den Löwen sah, blieb es stehen

Er richtete seinen Blick auf die ferne Stadt. Wahrscheinlich waren es nur drei Meilen, aber es hätten auch fast dreihundert sein können. Doch es zu erreichen war seine einzige Hoffnung auf Sicherheit.

Er drehte sich um und rannte, so schnell seine Beine ihn tragen konnten, auf die Stadt zu. Bald bekam er kaum noch Luft. Die große Höhe hat dazu beigetragen, dass er es geschafft hat. Wahrscheinlich zeigte auch die Aufregung ihre Wirkung.

Er hatte keine Möglichkeit zu wissen, ob der Löwe sein beabsichtigtes Opfer eingeholt hatte. Gerald hoffte inständig, dass das nicht der Fall sein würde. Je länger das Pferd durchhalten konnte, desto mehr Zeit hatte es, wegzukommen. Er wagte es kaum hinzusehen, denn er hatte das Gefühl, dass selbst das Zeit in Anspruch nehmen und ihn aufhalten könnte.

Er schaute jedoch auf und stellte zu seiner unendlichen Erleichterung fest, dass ein Reiter aus der Stadt auf ihn zuraste.

Er blieb stehen und wartete.

Der Mann hielt sein Pferd an, als er Gerald sah, und fragte: „Junge, hast du hier in der Nähe einen Löwen gesehen?"

Der Redner hatte langes Haar und trug einen großen Sombrero nach der Mode von Buffalo Bill.

„Ja", antwortete Gerald, sobald er wieder zu Atem kam. „Ich laufe vor ihm weg."

„Aber wo ist er?"

„Auf der Suche nach meinem Pferd."

„Aber warum bist du nicht auf deinem Pferd? Hat er dich geworfen?"

„Nein, ich bin von seinem Rücken gerutscht, und er rannte voller Angst davon, der Löwe verfolgte ihn."

„Das hat dir wahrscheinlich das Leben gerettet."

„Aber wie kommt es, dass sich ein Löwe in diesem Gebiet aufhält?" fragte Gerald neugierig. „Ich habe nie gehört, dass es in Montana Löwen gibt."

„Das sind sie auch nicht. Dieser Löwe gehört zu einem Zirkus. Er ist erst vor einer halben Stunde entkommen, und ich verfolge ihn."

„Sind Sie mit dem Zirkus verbunden?"

„Ja. Mein Bruder und ich besitzen es. Wir wollen den Löwen zurückholen, denn er hat uns eine große Summe Geld gekostet."

„Aber angenommen, Sie treffen ihn – wären Sie dann nicht in Gefahr?"

„Nein. Jeder andere würde es tun; aber ich bin sein Hüter, und er hat Angst vor mir."

Gerald sah ihn neugierig an. Er konnte nicht verstehen, wie jemand eine solche Macht über einen Löwen erlangen konnte.

„In welche Richtung ist der Löwe gegangen?"

Gerald zeigte nach Osten.

„Dann bleibt mir wohl nichts anderes übrig, als zu warten, bis er zurückkommt."

„Ich würde lieber nicht warten. Du hast vielleicht Macht über den Löwen, aber ich habe keine."

„Dann kannst du weiter ins Dorf vordringen; ich werde hier warten."

"Wie weit ist es?"

„Eher mehr als eine Meile."

„Aber wenn der Löwe mich überholen sollte, wäre es für mich schlimm."

„Ich werde dir sagen, was du tun kannst. Du darfst mein Pferd nehmen, und ich werde hier bleiben. Geh ins Hotel und sag, dass ich dich geschickt habe."

„Welchen Namen soll ich verwenden?"

„King. Ich bin Paul King und gehöre zum King Brothers' Circus."

„Ich mag es nicht, dir dein Pferd wegzunehmen."

„Es spielt keine Rolle. Wenn Nero zurückkommt, kann ich ihn genauso gut alleine treffen."

„Glaubst du, er wird zurückkommen?"

„Aye. Schauen Sie!" Er fügte aufgeregt hinzu: „Da ist er!"

# KAPITEL XXX
# DER ZIRKUS

RASTE auf sie zu und peitschte sich mit dem Schwanz an den Seiten, offenbar in einem Zustand großer Aufregung. Gerald zitterte, als er ihn sah. Es gibt nur wenige, die das nicht tun würden, egal wie mutig sie sind. Er wagte es nicht, sich auf den Weg ins Dorf zu machen. Er hielt es für besser, beim Löwenwärter und unter seinem Schutz zu bleiben.

Paul King stand ruhig und unerschütterlich da und wartete auf die Ankunft seines verlorenen Schützlings. Es gab eine Zeit, in der auch er geflohen wäre, aber er hatte sich an die Löwen und ihre Art gewöhnt und hatte vollkommenes Vertrauen in seine Macht, sie zu bezwingen.

Als Nero näher kam, konnte Gerald sehen, dass seine Kiefer blutig waren. Er vermutete, dass es sich bei dem Blut um das seines unglückseligen Pferdes handelte.

„Er hat tatsächlich Ihr Pferd getötet", sagte King. „War er wertvoll?"

„Ich habe hundert Dollar für ihn bezahlt."

„Er war nicht gegen Löwen versichert?"

"NEIN."

"Es tut mir leid für deinen Verlust."

„Es macht mir nichts aus, wenn ich mein eigenes Leben rette."

„Dein Leben ist nicht in Gefahr."

Zu diesem Zeitpunkt war der Löwe fast bei ihnen. Mit den Blutflecken an seinem Kiefer sah er schrecklich aus, aber Paul Kings Gleichmut ließ sich nicht erschüttern. Eines jedoch vergaß er, und zwar die Wirkung von Blut auf das wilde Tier. So groß seine Überlegenheit über Nero auch war, der wilde Instinkt des großen Tieres zerstörte die Wirkung jahrelanger Disziplin.

Paul King verstand dies, als Nero auf ihn zukam, ohne auf seinen befehlenden Ton zu achten.

„Runter, Nero!" er weinte; aber Nero wollte nicht nachgeben. Seine bösen Augen funkelten, sein Schwanz peitschte seine Seiten und er stürzte sich mit feindseliger Absicht auf seinen Wächter.

King wurde klar, dass Nero gefährlich werden würde.

„Ich werde dich töten müssen!" schrie er zwischen seinen zusammengebissenen Zähnen.

Er schoss auf den Löwen, aber entweder wich das riesige Tier aus, oder etwas beeinträchtigte sein Ziel, denn es traf nicht ins Schwarze.

Dann dachte Gerald, es sei Zeit für ihn zu handeln. Sein Leben und das des Torwarts waren in Gefahr. Er hob seine Waffe und zielte fest.

„Schieß ihm ins Auge!" rief König aus.

Gerald gehorchte den Anweisungen. Als Junge war er natürlich kein geübter Schütze; Aber das Glück – oder vielleicht wäre es besser, die Vorsehung zu sagen – war auf seiner Seite, und die Kugel drang in Neros Auge ein und drang in sein Gehirn ein. Der Löwe schwankte einen Moment und fiel dann auf die Seite. Der Tod schien augenblicklich einzutreten.

„Bei Gott! Du hast ihn getötet!" rief Paul King aus. „Es war ein toller Schuss!"

„Ist er wirklich tot?" fragte Gerald und konnte kaum an seinen Erfolg glauben.

„Ja, er ist schnell genug tot. Er ist tot, und der Zirkus hat fast fünftausend Dollar verloren."

„Das war besser, als ihn einen von uns töten zu lassen."

„Du hast Recht. Ich habe Nero noch nie in einer solchen Stimmung erlebt. Es muss das Blut des Pferdes gewesen sein, das ihn erregte."

„Haben Sie noch einen anderen Löwen in der Show?"

„Ja, eins; aber das war das Beste."

„Sollst du ihn hier lassen?"

„Ich werde einige meiner Männer aussenden, um ihn zu begraben. Er war ein großartiges Tier und verdient eine Beerdigung. Und jetzt gehen wir zurück."

„Ich werde vom Pferd absteigen und ihn dir überlassen", sagte Gerald.

„Nein; da mein Löwe dein Pferd getötet hat, ist es nur fair, dass du auf meinem reitest. Um sicher zu sein, dass du den Löwen getötet hast."

„Ich bin stolz darauf. Ich hätte nie erwartet, einen Löwen zu töten."

„Du hast Grund, stolz zu sein. Du bist der einzige Junge, den ich je kannte, der das sagen konnte."

Obwohl Goldwin eine kleine Stadt war, fand dort abends eine Zirkusvorstellung statt. Fünf Meilen entfernt befand sich eine Bergbaustation, und etwa 75 Bergleute waren anwesend. Gerald war froh zu gehen, teils, weil es seinen Abend angenehm ausfüllte, und teils aus der

Vorliebe für solche Darbietungen, die er mit den meisten Jungen seines Alters teilte.

Es war eine kleine Show, aber Goldwin hatte noch nie Besuch von Barnum oder Forepaugh erhalten und applaudierte lautstark dem Clown, den Reitern ohne Sattel, den Trapezkünstlern und anderen Darbietungen, die dem normalen Zirkusbesucher vertraut waren.

In Käfigen befanden sich vor den Augen des Publikums einige Tiere, darunter ein Bengalischer Tiger und eine Löwin. Paul King, Geralds Bekannter an diesem Nachmittag, beschrieb diese nacheinander. Als er zur Löwin kam, sagte er: „Es tut mir leid, Ihnen den Löwen Nero nicht zeigen zu können, eines der schönsten Exemplare, die jemals aus Afrika importiert wurden. Er ist seit fünf Jahren mit unserer Ausstellung verbunden, aber heute Morgen hat er entkam und machte sich auf einen Ausflug quer durchs Land. Er tötete beinahe einen Jungen, der von seinem Pferd rutschte und den Löwen zurückließ, um das unglückliche Tier zu jagen. Er überholte das Pferd, riss es in Stücke und machte sich dann auf den Rückweg.

„Ich hatte mich auf die Suche nach ihm gemacht und darauf vertraut, dass ich Macht über ihn habe. Aber ich habe mich geirrt. Das Blut, das er gekostet hatte, weckte seine wilde Natur und ich war gezwungen, meine Waffe zu benutzen. Aber durch Pech scheiterte ich. und ich hätte zum Opfer fallen sollen, wenn nicht der Junge zu mir gestoßen wäre, ihm ins Auge geschossen und ihn sofort getötet hätte.

„Ich kann dir den Löwen Nero nicht zeigen, aber ich kann dir den Jungen zeigen, der ihn getötet hat, den einzigen Jungen meines Wissens, der jemals einen Löwen getötet hat."

Er gab Gerald ein Zeichen, der errötet und schüchtern von seinem Platz aufstand. Das gesamte Publikum und vor allem die Bergleute jubelten ihm lautstark zu. Gerald verneigte sich zur Anerkennung und setzte sich.

Als die Vorstellung zu Ende war, gingen mehr als einer zu Gerald und schüttelten ihm die Hand. Unter ihnen war ein großer, schmächtiger Yankee, der den Bildern von Uncle Sam sehr ähnelte.

„Ich sage dir, Junge, du bist ein wahrer Mut", sagte er; „Glauben Sie dem Wort von Joshua Burdoch . Ich habe einen Panther erschossen, aber ich gebe zu, dass ich es nicht wagen sollte, einen Löwen anzugreifen."

„Es war ein Notfall", sagte Gerald lächelnd. „Entweder muss ich ihn töten, sonst hätte er mich getötet."

„Hatten Sie keine Angst?"

"Ja ich war."

„Ich halte es für besser, wenn du das sagst. Manche hätten es abgestritten und gesagt, sie wären vollkommen cool.“

„Ich hoffe, ich werde nie wieder einem Löwen begegnen“, sagte Gerald. „Ich bin damit zufrieden, einen zu töten.“

„Wohin gehst du, wenn du hier weggehst?“

„Um Lösegeld zu erpressen.“

„Ich auch. Angenommen, wir spannen Pferde an?“

„Ich werde mich sehr über Ihre Gesellschaft freuen, Mr. Burdoch ; aber was das Anspannen von Pferden angeht, muss ich zuerst eines kaufen. Das arme Tier, auf das ich gekommen bin, wurde von Nero getötet.“

„Du kannst eins in der Stadt kaufen, und wenn du Geld brauchst , leihe ich dir etwas.“

„Darüber wird es keine Probleme geben. Ich bin gut versorgt.“

Gerald war froh, einen ehrlichen Mann als Begleiter gewonnen zu haben, dem er vertrauen konnte. Darüber hinaus hatte er das Gefühl, dass er sich bei Gefahr oder Schwierigkeiten auf die Hilfe von Joshua Burdoch verlassen konnte .

# KAPITEL XXXI
## Lösegeld

GERALD kaufte ein Pferd und machte sich zusammen mit Joshua Burdoch auf den Weg nach Ransom . Nach einigem Nachdenken erzählte er seinem Yankee-Freund sein Geschäft. Dieser versprach ihm bei Bedarf seine Unterstützung.

„Dieser Mann, der Superintendent, ist ein schlauer alter Fuchs", sagte er. „Wir alle müssen ihn umgehen. Wie heißt er?"

„Nelson Hawk."

„Wenn wir bei Ransom ankommen , müssen wir Nachforschungen anstellen und alles in Erfahrung bringen, was wir können, bevor wir handeln. Es scheint mir, dass es für Sie eine ziemlich große Verantwortung ist!"

„So ist es, und ich freue mich über Ihren Rat und Ihre Hilfe."

„Es wird mir Spaß machen, den alten Fuchs zu überlisten!"

Sie erreichten schnell Ransom. Es war eine reine Bergbaustadt. Die Häuser der Bergleute bildeten mit Hotel und Laden die Stadt. Gerald übernachtete im Hotel, das er für einen solchen Ort als angemessen empfand. Sein Zimmer und das von Herrn Burdoch sind verbunden. Wenn Mr. Burdoch ein Geschäft hatte, erwähnte er es nicht, außer dass er sagte, er hätte ein paar Dollar und würde investieren, wenn er etwas fände, das es wert wäre, gekauft zu werden.

Unter den Mietern des Ransom House befand sich ein kleiner, dünner, schrumpeliger Mann mit faltigem Gesicht und scharfen, listigen Augen, dessen Name im Register Matthew Grote war. Er schien Geld zu haben, und es wurde nun berichtet, dass er eine Investition tätigen wollte.

Am Abend ihrer Ankunft rief Nelson Hawk, der Leiter der Mine, an, nahm im Gastraum Platz und begann, sich mit Grote zu unterhalten. Gerald vermutete, dass dies der Mann sein musste, der die Mine kaufen wollte. Er setzte sich etwa drei Meter von dem Paar entfernt hin und schien in eine Zeitung vertieft zu sein, die er im Büro mitgenommen hatte. Grote und Hawk hatten keine Ahnung, dass der Junge, den sie für unwichtig hielten, ihrem Gespräch zuhörte und in ihrem üblichen Tonfall sprach.

„Haben Sie vom alten Nixon gehört, Mr. Hawk?" fragte Grote.

„Ja. Ich habe gestern einen Brief erhalten."

"Was sagt er?"

„Dass er nicht kommen kann. Sein Gesundheitszustand lässt das nicht zu.“

„Wird er Ihnen seinen Anteil verkaufen?“

„Er sagt, er werde das Angebot in Betracht ziehen und mich bald informieren.“

„Ich wünschte, der alte Spinner würde sich beeilen. Äußert er irgendwelche Zweifel an Ihren Aussagen über den Wertverlust?“

„Nein. Warum sollte er? Er weiß nichts darüber außer dem, was ich ihm sage.“

„Aber angenommen, diese Geschichten wären wahr?“

"Wie meinst du das?"

„Dass die Mine in ihrer Fördermenge zurückgeht.“

„Mein lieber Herr, Sie meinen es nicht ernst. Die Mine war nie in einem besseren Zustand als jetzt. Unsere Produktion im letzten Monat war größer als je zuvor. Eine halbe Aktie ist die vierzigtausend Dollar, die ich verlange, durchaus wert. Warum, wenn? Wenn man etwas kauft, kann man in einem Jahr fünfzig Prozent verdienen. Das kann ich fast garantieren.“

„Warum sind Sie dann bereit, Ihren Anteil zu verkaufen?“

„Weil ich die Verantwortung aufteilen möchte. Außerdem mangelt es mir an Bargeld. Wenn ich Nixons Anteil erhalte, möchte ich das Ganze für 75.000 Dollar verkaufen. Ich habe dieses Land satt, und Ich möchte in meine Heimat im Osten zurückkehren.

„Nun, wir werden sehen. Ich könnte mich entschließen, die gesamte Mine zu kaufen, wenn ich finde, dass Ihre Aussagen richtig sind. Wie schnell, glauben Sie, wird Mr. Nixon sich entscheiden?“

„Sehr bald. Wenn nicht, werde ich ihm noch einmal schreiben.“

"Je früher desto besser."

Hier trennten sich die beiden. Gerald hatte alles gehört, was er brauchte. Er sah, dass ein gewaltiger Betrug geplant war, dessen Opfer Herr Nixon sein sollte. Hawk hatte ihm zwanzigtausend Dollar für seinen halben Anteil geboten und unter der Bedingung zugestimmt, es für vierzigtausend Dollar an Grote zu verkaufen. Dies würde dem Superintendenten einen sehr ordentlichen Gewinn bescheren.

Herr Burdoch hatte dieses Gespräch nicht gehört. Wäre er in Hörweite gewesen, wären sie in ihrer Rede vorsichtiger gewesen. Was Gerald betrifft, so betrachteten sie ihn als einen bloßen Jungen und hielten es nicht für nötig, auf der Hut zu sein.

Gerald verlor jedoch keine Zeit und teilte Mr. Burdoch die Informationen mit, die er erhalten hatte .

„Der verdammte Schlingel!" rief der Yankee aus. „Er hat sich einen sehr hübschen Plan ausgedacht, um Ihren Arbeitgeber auszutricksen. Er sagt also , dass es der Mine gut geht?"

„Nie besser. Er sagt, ein halber Zins sei durchaus vierzigtausend Dollar wert."

„Hmpf! Es könnte sich lohnen, nachzuschauen. Vielleicht entscheide ich mich, die Mine selbst zu kaufen."

Gerald betrachtete seinen Begleiter überrascht. Er hatte ihn nicht für einen reichen Mann gehalten, sondern dachte, er könnte ein oder zweitausend Dollar wert sein.

"Meinst du das wirklich?" er hat gefragt.

„ Auf jeden Fall tue ich das."

„Ich hätte nicht gedacht –" Hier zögerte Gerald.

„Oh, ich verstehe – du dachtest, ich hätte nicht genug Geld. Nun, Gerald, es macht mir nichts aus, dir zu sagen, dass ich zwei solcher Minen wie diese hier kaufen könnte. Ich bin kein Typ, aber ich habe das Gold."

# KAPITEL XXXII
# INHAFTIERT

GERALD verlor keine Zeit und schrieb einen Brief an Thomas Nixon, um ihn über seine Ankunft in Ransom und seine bisherigen Abenteuer zu informieren. Abschließend riet er Herrn Nixon, seinen Anteil an der Mine nicht für weniger als vierzigtausend Dollar zu verkaufen.

„In der Tat", fügte er hinzu, „ich glaube, ich kann für diesen Preis einen Käufer für Sie finden."

Er meldete sich nicht bei Nelson Hawk, sondern blieb im Hotel und wartete auf weitere Entwicklungen.

Er bemerkte nicht, dass einer der Bergleute, die sich im Hotel herumtrieben, ihn neugierig musterte, und er hatte auch keine Ahnung, dass er erkannt wurde. Aber dieser Bergmann – Jack Manton – erinnerte sich, ihn in Campville gesehen zu haben , und kannte seine Verbindung zum alten Tom Nixon, dessen Interesse an der Mine wohlbekannt war. In dem Wunsch, sich beim Direktor einzuschmeicheln, gesellte er sich zu ihm auf die Straße, als er das Bergwerk verließ, und sagte, indem er seinen Hut berührte:

„Mr. Hawk, darf ich ein paar Worte mit Ihnen sprechen?"

„Mach weiter", sagte Hawk ungeduldig, „aber meine Zeit ist wertvoll."

„Es wird sich lohnen, mir zuzuhören. Haben Sie einen Jungen im Hotel gesehen?"

„Ja, was ist damit?"

"Weißt du wer er ist?"

„Nein. Ist er eine Person von irgendeiner Bedeutung?"

„Das sollte ich sagen. Er ist Sekretär und Begleiter – wie auch immer man es nennen mag – des alten Tom Nixon."

Nelson Hawk stieß einen Ausruf der Bestürzung aus.

"Bist Du Dir sicher?" fragte er hastig.

„Sicher bin ich das."

"Woher weißt du das?"

„Ich habe ihn vor drei Wochen in Campville gesehen und ich weiß, dass er beim alten Tom lebt."

Dem Superintendenten wurde sofort klar, dass er mit Matthew Grote über den Zustand der Mine gesprochen hatte, als er von diesem Jungen hörte. Er war davon überzeugt, dass er von der großen Leistung gesprochen haben musste, ohne zu wissen, dass dieser junge Mann ein Agent seines Partners war. Wenn dies der Fall wäre, wären alle seine Pläne durchkreuzt. Gerald würde dem alten Mann natürlich mitteilen, was er gehört hatte.

Was war zu tun?

Er muss Gerald befragen und herausfinden, wie viel er wusste und ob er Herrn Nixon geschrieben hatte.

Als er Gerald das nächste Mal im Hotel sah, setzte er sich neben ihn.

„Woher kommst du, junger Mann? Habe ich dich nicht in Campville gesehen?"

„Ich weiß es nicht. Warst du kürzlich dort?"

„Nein, aber einer meiner Männer hat es getan. Kennen Sie den alten Tom Nixon?"

"Jawohl."

„Hat er dich hierher geschickt?"

"Jawohl."

Nelson Hawk atmete schwer. Alle seine Befürchtungen wurden wahr.

„Haben Sie eine Mitteilung für mich? Ich habe Herrn Nixon kürzlich geschrieben und ihm eine große Summe für sein Interesse an der Mine angeboten. Glauben Sie, dass er annehmen wird?"

„Ich weiß, dass er es nicht tun wird."

"Warum?"

„Weil es viel mehr wert ist, als Sie angeboten haben."

„Sollten Sie ihm raten, mein Angebot abzulehnen?"

"Jawohl."

„Das ist ehrlich gesagt. Ich nehme an, Sie haben mich zu Herrn Grote sagen hören, dass die Produktion gestiegen sei?"

"Jawohl."

„Und natürlich sind Sie zu dem Schluss gekommen, dass es mehr wert ist, als ich angeboten habe. Aber es gibt noch eine andere Seite der Frage: Auch die Kosten sind gestiegen. Die Arbeit ist schwieriger. Möchten Sie die Mine besuchen und sich selbst davon überzeugen?"

„Ja, Sir“, sagte Gerald prompt.

Hawks Augen leuchteten vor Zufriedenheit.

„Sehr gut“, sagte er; „Wir werden sofort gehen.“

Sie gingen zur Mine, die eine halbe Meile entfernt war, und Hawk gab dem Aufzug ein Zeichen. Es war ein großes Fass, das von einer Ankerwinde bedient wurde.

„Steigen Sie ein“, sagte er.

Sie taten es und begannen langsam abzusteigen. Die Mine war etwa dreihundert Fuß tief. Als sie den Boden berührten, verließen sie die Wanne, und Hawk begann, Gerald herumzuführen, wobei er flüchtig redete. Schließlich erreichten sie eine Seitenhöhle, und Hawk ging voran. Dann änderte sich sein Verhalten.

„Junge“, sagte er, „sind Sie berechtigt, Herrn Nixons Anteil an der Mine zu verkaufen?“

"Jawohl."

„Ich werde zwanzigtausend Dollar geben.“

„Ich kann es nicht ertragen.“

„Seien Sie vorsichtig! Wenn Sie es nicht tun, könnte Ihnen etwas passieren?“

"Wie meinst du das?" forderte Gerald erschrocken.

„Ich meine, dass ich dich in diesem Raum einsperren werde, bis du dem Handel zustimmst!“

Gerald wurde blass. Er sah, dass er in einer Falle saß.

„Ich kann Mr. Nixons Interessen nicht verraten.“

Hawk öffnete die Tür, ging hinaus und stieß Gerald zurück.

„Ich werde morgen früh hierher kommen“, sagte er. „Vielleicht bist du bis dahin zur Besinnung gekommen.“

"Lass mich raus!" rief Gerald vehement aus.

„ Das werde ich tun, wenn Sie meinen Bedingungen zustimmen.“

Einen Augenblick später war die Tür verschlossen und Gerald fand sich in einer Höhle dreihundert Fuß unter der Erdoberfläche eingemauert wieder.

Er sah, dass er in einer Falle steckte

# KAPITEL XXXIII
## GERETTET

ES kam Gerald wie ein schrecklicher Traum vor, als er mit seinen ungeübten Augen versuchte, durch die Dunkelheit zu spähen. Aber es war völlig dunkel. Es schien sich um eine aufgegebene Ausgrabung zu handeln. Es lag in einiger Entfernung von dem Teil des Bergwerks, in dem aktive Arbeiten stattfanden. Wie lange er hier festgehalten werden würde, konnte er nicht vermuten. Ob der Oberaufseher es tatsächlich wagen würde, ihn in Gefangenschaft zu halten, ihn vielleicht sogar verhungern zu lassen, konnte er nicht sagen. Es fiel ihm schwer, die Lage zu erkennen, in der er sich befand.

Wir lassen ihn seinen unruhigen Gedanken überlassen und kehren zum Hotel zurück, in dem Joshua Burdoch und er Gäste waren.

Als Gerald mit dem Hausverwalter das Haus verließ, war Burdoch vorübergehend abwesend. Zwanzig Minuten später kam er zurück und sah sich nach Gerald um. Als er ihn nicht sah, kam er zu dem Schluss, dass er spazieren gegangen war. Aber eine Stunde verging und Gerald war immer noch abwesend. Er machte sich keine Sorgen um ihn, aber er und Gerald waren so ständige Begleiter, dass er sich ohne ihn einsam und unwohl fühlte.

Er ging zur Rezeption des Hotels und fragte den Wirt: „Haben Sie etwas von dem Jungen gesehen?"

„Ja, er war vor etwas mehr als einer Stunde hier."

„Ist er ausgegangen?"

„Ja, er ist mit Mr. Hawk ausgegangen."

„Der Leiter der Mine?"

"Ja."

Das überraschte Herrn Burdoch . Denn soweit er wusste, hatten die beiden nie miteinander kommuniziert.

„Scheinten sie miteinander zu reden?" er hat gefragt.

"Ja."

„Wohin sind sie Ihrer Meinung nach gegangen?"

„Ich glaube, Hawk hat vorgeschlagen, dass der Junge mit ihm zur Mine gehen soll."

„Ich frage mich, was das bedeutet?" dachte Burdoch verwirrt.

Er nahm seinen Hut und ging in Richtung Mine.

In der Nähe sah er Nelson Hawk, der sich mit einem der Bergleute unterhielt.

„Mr. Hawk", sagte er und ging auf den Superintendenten zu, „wo ist Gerald Lane?"

Nelson Hawk zuckte mit den Schultern.

„Ich weiß es nicht", antwortete er.

„Lockard hat mir erzählt, dass er das Hotel in Ihrer Begleitung verlassen hat."

„Ja, wir sind ein Stück zusammen gelaufen."

„Und dann habt ihr euch getrennt?"

"Ja."

„Ist er zurückgegangen?"

„Das nehme ich an."

„Er ist nicht in die Mine hinuntergegangen?"

„Nein. Warum sollte er?"

„Ich weiß es nicht. Ich habe nur gefragt."

„Ich bin beschäftigt. Ich kann nicht mehr mit dir reden ."

Joshua Burdoch , verwirrter denn je, ging langsam davon. Hundert Meter entfernt traf er einen Mann, den er kannte, und fragte, ob er etwas von Gerald gesehen habe.

„Vor ein oder zwei Stunden habe ich ihn mit Mr. Hawk gesehen."

"Wo waren sie?"

„Ich gehe einfach in die Mine hinunter."

„Ich garantiere, hier ist Unfug im Gange!" rief Burdoch aus . „Hawk hat mich getäuscht."

„Hast du nicht gesehen, wie die beiden wieder auftauchten?"

„Nein, aber ich habe gesehen, wie Hawk allein aus der Mine kam."

Dies bestätigte den Verdacht von Burdoch , und er erriet die Wahrheit.

„McKee", sagte er, „ich wittere Ärger. Dieser Mann hat den Jungen in der Mine zurückgelassen, und ich schlage vor, ihn herauszuholen. Bist du bei mir?"

„Ja, ich hasse Hawk, und ich werde dir gerne helfen."

„Dann komm mit mir zurück."

Burdoch schritt zurück und ging auf den Superintendenten zu.

„Mr. Hawk", sagte er, „Sie haben den Jungen in der Mine zum Schweigen gebracht. Wenn Sie ihn nicht freilassen , werde ich Sie erschießen!"

Hawk wurde blass, versuchte aber zu toben.

„Sie irren sich", sagte er. „Auf jeden Fall wird man mich nicht so ansprechen."

„Du kannst dir nicht helfen."

„Welches Motiv könnte ich haben, den Jungen einzusperren?"

„Sie haben wahrscheinlich herausgefunden, dass er Ihren Partner, den alten Tom Nixon, vertritt und dass er hierher gekommen ist, um den wahren Zustand der Mine herauszufinden."

„Du verblüffst mich, und ich glaube dir nicht. Nixon würde so ein Kind nicht schicken."

„Wir werden darüber nicht streiten. Dieser Junge muss freigelassen werden!"

„Er ist nicht in der Mine."

„Ich habe vor, nach unten zu gehen und nachzusehen."

„Oh, sehr gut, du kannst gehen!"

„Du musst mit uns gehen."

"Ich habe keine Zeit."

Als Antwort hielt Burdoch eine Pistole an die Seite seines Kopfes.

„Seien Sie vorsichtig", sagte der verängstigte Kommissar, „es könnte losgehen!"

„Wirst du hinuntergehen?"

"Ja."

Sie machten sich auf den Weg, Burdoch beobachtete Hawk genau und war bereit, ihn beim geringsten Anzeichen von Verrat zu erschießen.

Aber Hawk hatte beschlossen, ihn zu täuschen, wenn er konnte. Er wagte es nicht, im Fall eines so starken und entschlossenen Mannes wie Joshua Burdoch Gewalt anzuwenden . Sie stiegen auf den Grund der Mine hinab und die Gruppe stieg aus.

„Jetzt", sagte Hawk und winkte mit der Hand, „steht es Ihnen frei, selbst zu suchen, und wenn Sie den Jungen finden können, tun Sie es!"

Burdoch und sein Freund gingen in der Mine umher und spähten überall hin, aber von Geralds Anwesenheit konnte keine Spur gefunden werden.

Burdoch wurde unruhig und entmutigt. Er hatte kein Vertrauen in den Superintendenten. Er war überzeugt, dass er getäuscht wurde, aber wie konnte er das beweisen?

„Nun", sagte Hawk, der sie nicht begleitet hatte, „haben Sie ihn gefunden?"

Auf seinem Gesicht lag ein triumphierendes Lächeln, das Burdochs Misstrauen erregte.

„Noch nicht", antwortete er kurz.

„Na ja, Sie können Ihre Suche fortsetzen", und er ging weg.

„McKee", sagte Burdoch plötzlich, „waren Sie schon einmal in dieser Mine?"

vor zwei Jahren war ich hier für ein paar Wochen angestellt."

„Gibt es außer denen, die wir besucht haben, einen Ort – einen geheimen Ort –, an dem der Junge eingesperrt werden könnte?"

„Ja", antwortete McKee mit einem plötzlichen Gedanken, „es gibt einen Tresor, der jetzt nicht benutzt wird, eher getrennt vom Rest der Mine, wo er versteckt werden könnte."

„Kannst du mich dorthin führen?" fragte Burdoch eifrig.

"Ja, ich denke schon."

„Dann tu es im Namen der Gnade!"

McKees Erinnerung hat ihm gute Dienste geleistet. Er ging voran zur seitlichen Ausgrabung. Es war durch eine Holztür vom Rest der Mine abgetrennt. Diese Tür war verschlossen.

„Das ist der Ort", sagte Burdoch . „Jetzt wollen wir herausfinden, ob Gerald hier ist!"

Er schlug mit seinem schweren Klappmesser gegen die Tür und wartete dann.

Als Antwort ertönte ein Klopfen.

„Das ist er!" er rief aus.

Er bückte sich und rief durch das Schlüsselloch:

„Bist du drinnen, Gerald?"

Es gab ein leises Geräusch. Er konnte die Worte nicht hören, war aber überzeugt, dass es Geralds Stimme war.

Nun muss die Tür geöffnet werden. Es war schwer und das Schloss war stark. Es schien keine andere Möglichkeit zu geben, als den Schlüssel zu benutzen. Dieser Schlüssel war zweifellos im Besitz des Superintendenten. In diesem Moment kam Nelson Hawk in Sicht. Er hatte Angst gehabt, dass der geheime Raum gefunden würde.

„Nun, meine Herren", sagte er unbehaglich, „Sie scheinen vom rechten Weg abgekommen zu sein. Was hat Sie hierher geführt?"

„Gib mir den Schlüssel zu dieser Tür!" sagte Burdoch streng.

„Ich habe keinen Schlüssel."

„Gib mir diesen Schlüssel!"

„Ich sage Ihnen, ich habe keine", und der Kommissar begann zu gehen.

Burdoch packte ihn sofort an der Kehle.

„Jetzt durchsuchen Sie seine Taschen, McKee."

„Sie werden diese Freveltat bereuen", sagte Nelson Hawk mit erstickter Stimme.

„Das werde ich riskieren."

McKee nahm einen Schlüsselbund aus seinen Taschen und stellte fest, dass einer davon zur Tür passte.

Burdoch steckte es in das Schloss, und einen Moment später schwang die Tür zurück und gab den Blick auf Gerald frei, der freudig hinausging.

„Du Schurke!" sagte Burdoch und schüttelte dem Superintendenten die Faust ins Gesicht. „Jetzt erzähl deine Geschichte, Gerald."

Gerald tat es.

„Was hast du zu deiner eigenen Meinung zu sagen, Hawk?" forderte Burdoch .

„Es muss ein Fehler gewesen sein", jammerte der Kommissar.

„Du wirst wieder von uns hören. Jetzt, Gerald, gehen wir raus."

„Nun", sagte Burdoch , „wissen Sie, wozu ich mich entschieden habe?"

"NEIN."

Campville zurückkehren , Herrn Nixon ein Angebot für seinen Anteil an der Mine machen, zurückkommen und Hawk vertreiben. Ich habe vor, es selbst zu kontrollieren und zu verwalten. Sie werden mich Tom Nixon vorstellen."

„Das werde ich gerne tun."

# KAPITEL XXXIV
## Eine Schenkungsurkunde

INNERHALB VON zwei Wochen hatte Joshua Burdoch Herrn Nixons Anteil an der Mine in Ransom für vierzigtausend Dollar gekauft. Mr. Hawks Anteil sicherte er sich für dreißigtausend. Anschließend machte er Gerald einen formellen Vorschlag, für ihn als stellvertretender Manager zu arbeiten. Aber Mr. Nixon lehnte dies ab.

„Ich kann Gerald nicht entbehren, Mr. Burdoch ", sagte er.

„Aber, Mr. Nixon, denken Sie an die Interessen des Jungen. Ich bin bereit, ihm ein Gehalt von hundert Dollar im Monat zu zahlen."

„Und ich", sagte der alte Mann, „werde ihm sofort zehntausend Dollar geben – ein Viertel der Summe, die Sie mir für meine Beteiligung an der Mine gezahlt haben."

„Geben Sie mir Ihre Hand, Mr. Nixon", sagte Burdoch , „ich kann nicht weitermachen. Er ist ein guter Junge, und er verdient sein Glück."

Gerald war von seiner Liberalität überwältigt.

„Wie kann ich Ihnen danken, Herr Nixon", sagte er, „für Ihre Großzügigkeit?"

„Es ist keine Großzügigkeit. Es ist nur Gerechtigkeit. Aber für Sie bezweifle ich, dass ich heute leben sollte. Sie haben mir beigebracht, wie man lebt. Und jetzt möchte ich Ihnen etwas sagen. Ich habe Herrn Nugent weitergeschickt Betrag, den ich vor vielen Jahren von seiner Firma abgezogen habe. Er weigerte sich, Zinsen anzunehmen, schrieb aber, dass ich Ihnen den Betrag erstatten könne, den sie belaufen würden. Es beläuft sich auf mehr als die zehntausend Dollar, die ich Ihnen gegeben habe, über die ich aber Rechenschaft ablegen werde später."

„Ich kann mein Glück nicht realisieren, Mr. Nixon. Sie und Mr. Nugent waren sehr freundlich zu mir."

„Sind Sie es leid, in Montana zu leben?"

„Es gefällt mir nicht so gut, in meiner alten Heimat zu leben."

„Ich auch nicht. Mit Ihrer Hilfe schlage ich vor, meine Angelegenheiten zu regeln, den Besitz, den ich hier habe, in Geld umzuwandeln und in den Osten zurückzukehren."

„Ich freue mich sehr, das zu hören, Mr. Nixon."

„Es wird wahrscheinlich sechs Monate dauern. Dann fangen wir an. Aber du musst dort bei mir bleiben. Ich habe keine Verwandten, die mir wichtig sind. Ich betrachte dich als meinen Adoptivsohn und werde dafür sorgen, dass für dich gesorgt wird."

Es wurden sofort Schritte zur Regelung des Nachlasses von Herrn Nixon unternommen. Um die Sache ein wenig vorwegzunehmen: Nachdem dies geschehen war, stellte sich heraus, dass er fast 75.000 Dollar besaß, obwohl er die Summe seiner Schuldentilgung beglichen und Gerald ein Geschenk von zehntausend Dollar gemacht hatte.

Endlich war die Zeit gekommen, in der Herr Nixon bereit war, in den Osten aufzubrechen. Der alte Mann strahlte vor Vorfreude.

„Gerald", sagte er, „ich fühle mich zehn Jahre jünger. Ich fange wirklich an zu glauben, dass ich noch ein paar Jahre länger leben werde."

„Ich bin sicher, dass Sie das tun werden, Mr. Nixon."

„Wie viel schulde ich dir! Als du zu mir kamst, ein kleiner Junge, hätte ich kaum gedacht, dass du mir so viel Gutes tun würdest. John Nugent wusste, was er meinte, als er dich als seinen Boten auswählte. Wie lange ist es her, dass du her bist kam zu mir?"

„Es muss fast anderthalb Jahre her sein."

„Wenn du nicht gekommen wärst, wäre ich schon früher im Grab gewesen. Hast du jemals etwas von deiner Stiefmutter gehört?"

„Ich habe nichts von ihr gehört."

„Sie ist immer noch in Portville?"

"Das nehme ich an."

„Du wirst mich nicht verlassen und bei ihr wohnen?"

„Da besteht keine Gefahr", antwortete Gerald.

Herr Nixon atmete erleichtert auf.

„Bleib bei dem alten Mann, bis er stirbt!" er flehte. „Es wird dir nicht leid tun."

„Das werde ich, Mr. Nixon."

# KAPITEL XXXV
# JOHN GRAVES ERSCHEINT WIEDER

WIR müssen jetzt nach Portville zurückkehren und einige Informationen über Geralds Familie sammeln.

Mrs. Lane lebte in der alten Villa, die seinem Vater gehört hatte. Abel lebte auch bei ihr. Er hatte sie überredet, in die Stadt zu gehen, um dort zu leben, aber sie zögerte, teils aus Gründen der Klugheit, teils aus dem Gedanken an die Versuchungen, denen sie fürchtete, dass Abel nachgeben würde.

Sie empfand ihren Sohn nicht als Quelle der Befriedigung. Er war in seiner Art gereizt und unangenehm und bereitete ihr Sorgen.

Eines Tages kam er herein und brach aus: „Was glaubst du, was ich heute Morgen gehört habe?"

„Ich weiß es nicht. Du solltest es mir besser sofort sagen."

„Gerald ist auf dem Heimweg."

„Tatsächlich? Wer hat es dir gesagt?"

„Munroe Hill. Er wohnt in der Nähe von Mr. Nugent, wissen Sie. Mr. Nugent hat es ihm gesagt. Werden Sie ihn hierher kommen lassen?"

„Ich weiß es nicht", antwortete Frau Lane zögernd. „Ich nehme an, er hat etwas Geld."

„Dann lassen Sie ihn die Verpflegung bezahlen. Sie können es sich nicht leisten, ihn zu unterstützen."

„Die Leute könnten böse Dinge sagen, da ich mein gesamtes Geld von seinem Vater erhalten habe."

„Lass sie reden! Es geht sie nichts an. Da fällt mir ein, Ma. Kannst du mir nicht fünf Dollar geben?"

„Ich habe Ihnen vor drei Tagen etwas Geld gegeben", sagte Mrs. Lane stirnrunzelnd. „Was hast du damit gemacht?"

„Es waren nur drei Dollar."

„Das ist eine Menge Geld für einen Jungen in deinem Alter. Du scheinst zu glauben, dass ich aus Geld gemacht bin."

„Du darfst nicht gemein werden, Ma. Mr. Lane hat dir bis zu fünfzigtausend Dollar hinterlassen. Ich habe dich das sagen hören."

„Ich gebe dir zwei Dollar und keinen Cent mehr. Verlange eine Woche lang nichts mehr von mir.“

Abel machte keine Verpflichtungen, sondern nahm das Geld und ging die Straße hinunter, wo er bald einen Teil davon damit verbrachte, mit einem jungen Mann von nicht gerade dem besten Ruf Billard zu spielen.

Mrs. Lane setzte sich an ihren Schreibtisch und begann, ihre Konten zu prüfen.

„Fünfzigtausend Dollar!“ sie überlegte. „Ja, das ist eine stattliche Summe, die Abel und mir unser ganzes Leben lang ein gutes Gefühl geben wird . Es tut mir leid, dass er so verschwenderisch wird Ich komme in den unbestrittenen Besitz meines Geldes. Dann kann ich den Plan, den ich schon so lange im Sinn hatte, in die Tat umsetzen und mit Abel eine Europareise machen. Mir wurde gesagt, dass es nicht so viel kostet, in Europa zu reisen wie in diesem Land. Dort, frei von allen Geldsorgen, kann ich es genießen. Ich kann es kaum erwarten, bis die Zeit kommt.“

Sie klappte ihr Buch zu und lehnte sich in selbstzufriedenem Nachdenken in ihrem Stuhl zurück.

Doch ihre Meditation wurde bald unterbrochen.

„Da unten ist ein Herr, der Sie sprechen möchte, Mrs. Lane“, sagte Susan, die Dienerin.

„Wer ist da? Hast du ihn schon einmal gesehen?“

"Nein, madam."

„Welchen Namen hat er gegeben?“

„Hier ist seine Karte, Ma'am. Ich hätte fast vergessen, sie Ihnen zu geben.“

Mrs. Lane nahm die Karte aus der Hand des Dieners und warf einen Blick darauf.

Sie wurde blass und stieß einen halben Ausruf aus. Von allen Männern auf der Welt war John Graves so ziemlich der Letzte, den sie sehen wollte. Er war es, der dreißigtausend Dollar in die Hände ihres Mannes gelegt hatte, und jetzt war er zweifellos gekommen, um sie einzufordern. Dadurch würde ihr mehr als die Hälfte des Vermögens weggenommen, zu dessen Besitz sie sich selbst gratuliert hatte.

Was sollte sie tun? Während sie über diese schwierige Frage nachdachte, wurde Mr. Graves in den Raum geführt.

Er war ein etwas kleinerer Mann von sechzig Jahren, wirkte aber aufgrund seiner weißen Haare und seines Bartes deutlich älter.

„Frau Lane?“ sagte er fragend.

„Das ist mein Name“, antwortete sie steif.

„Ich lebe seit vielen Jahren in Australien“, fuhr er fort. „Die Umstände hielten mich von Nachrichten ab, und erst seit ich nach Portville kam, erfuhr ich von der traurigen Nachricht vom Tod Ihres Mannes.“

Mrs. Lane antwortete nicht, sondern betrachtete ihn mit frostiger Miene.

„Es scheint, mein armer Freund ist schon seit fast zwei Jahren tot?“

"Ja."

John Graves betrachtete sie mit einiger Überraschung, so kalt und abstoßend war ihr Verhalten.

„Unsere Beziehungen waren sehr vertraulich“, fuhr Graves fort. „Bevor ich ging, habe ich, wie er Ihnen zweifellos gesagt hat, die Summe von dreißigtausend Dollar in die Hände Ihres Mannes gelegt.“

„Sie irren sich, Sir“, erwiderte Mrs. Lane in eisigem Ton. „Er hat mir so etwas nie gesagt, und Sie müssen mir verzeihen, wenn ich sage, dass ich solch eine absurde Aussage nicht glaube!“

John Graves zog erstaunt die Augenbrauen hoch und betrachtete Mrs. Lane einen Moment lang wortlos.

„Hat Ihr Mann kein Memorandum bezüglich meiner Anzahlung hinterlassen?“ fragte er nach einer Pause.

"Nein Sir."

„Das ist sehr bemerkenswert.“

„Es ist noch bemerkenswerter, dass Sie mit einer so unverschämten Behauptung hierher kommen – einer Behauptung, die mehr als die Hälfte des Nachlasses meines Mannes wegfegen würde.“

„Dann zweifeln Sie an der Echtheit meiner Behauptung?“ fragte er ruhig.

"Ich tue."

„Dann verabschiede ich mich – vorerst.“ John Graves erhob sich und verließ mit einer Verbeugung den Raum. Mrs. Lane atmete erleichtert auf.

„Ich glaube, ich habe ihn losgeworden“, sagte sie.

# KAPITEL XXXVI
## FRAU Lanes Unbehagen

WURDE bekannt, dass John Graves in der Stadt sei. Zehn Jahre zuvor war er ein häufiger Besucher im Haus von Mr. Lane gewesen, und viele erinnerten sich noch immer an ihn.

Zu denjenigen, die an seiner Rückkehr interessiert waren, gehörte Enoch Perkins, der Anwalt, der in seinem Safe den Brief hatte, den Mrs. Lane bezüglich seines Anspruchs auf das Anwesen verloren hatte. Er hatte es sorgfältig aufbewahrt und wusste nicht, ob es jemals verfügbar sein würde. Jetzt schien es so weit zu sein.

Mr. Graves wohnte im Haus von John Nugent, hatte aber die geschäftliche Angelegenheit, die er mit Mrs. Lane besprochen hatte, noch nicht erwähnt. Er überlegte, was er dagegen tun würde. Nicht, dass es ihn ernsthaft in Verlegenheit bringen würde, das Geld zu verlieren, denn abgesehen von dieser Summe war er ein reicher Mann. Aber er hatte das Gefühl, dass er seine Behauptung auf jeden Fall untermauern und beweisen musste, dass er kein Betrüger war.

Graves kam am nächsten Tag an der Kanzlei des Anwalts vorbei, als Mr. Perkins ihn hereinrief.

„Ich weiß nicht, ob Sie mich kennen, Mr. Graves", sagte er, „aber als Sie das letzte Mal hier waren , hatte ich gerade ein Büro eröffnet. Das ist meine Karte."

„Ich freue mich, Ihre Bekanntschaft zu machen, Mr. Perkins", sagte Graves höflich.

„Verzeihen Sie mir meine Schroffheit, aber haben Sie nicht einen Anspruch – einen großen Anspruch – auf den Nachlass des verstorbenen Mr. Lane?"

John Graves musterte ihn erstaunt.

"Woher weißt du das?" er hat gefragt.

„Lass mich es dir zeigen."

Er öffnete seinen Safe und holte das Blatt heraus, das Mr. Lane an seine Frau gerichtet hatte.

Als John Graves es las, leuchteten seine Augen auf und sein Gesicht zeigte die Erleichterung, die er empfand.

„ Mein Freund war mir also doch treu", murmelte er.

„Waren Sie bei Mrs. Lane?" fragte der Anwalt scharfsinnig.

"Ja."

„Und sie weigert sich, Ihrem Anspruch stattzugeben?"

„Ja. Aber wie sind Sie in den Besitz dieses Papiers gekommen?"

Der Anwalt teilte es ihm kurz mit.

„Ich habe vorausgesehen, was passieren würde", sagte er, „und ich habe dieses Papier fast zwei Jahre lang sorgfältig aufbewahrt."

„Vielen Dank. Sie haben mir einen großen Dienst erwiesen."

„Der Nachlass ist noch nicht beglichen. Das heißt, die endgültigen Rechnungen wurden dem Gericht noch nicht vorgelegt. Mrs. Lane glaubt zweifellos, dass sie Ihre Forderung einziehen kann. Ich habe gehört, dass sie beabsichtigt, nach Europa zu reisen, wenn ihre Rechnungen vorliegen." eingereicht."

„Sie scheint eine sehr prinzipienlose Frau zu sein. Es tut mir leid, dass die Ehe meines alten Freundes so schlecht gelungen ist."

„Sie zeigte ihr wahres Gesicht erst nach seinem Tod. Er starb in dem Glauben, sie sei eine Frau mit guten Prinzipien."

„Darüber bin ich froh."

„Wenn Sie die Angelegenheit in meine Hände legen, Mr. Graves, werde ich sie für Sie regeln."

„Ich werde Sie dazu ermächtigen. Ich habe keine Lust, sie wiederzusehen."

Frau Lane war sehr überrascht, als sie diesen Brief mit der Unterschrift „Enoch Perkins, Rechtsanwalt" erhielt:

> „ MADAME — Sie werden gebeten, in geschäftlichen Angelegenheiten von großer Bedeutung in meinem Büro vorzusprechen."

Sie war zunächst geneigt, den Brief nicht zur Kenntnis zu nehmen, aber ein Gefühl der Unruhe veranlaßte sie schließlich, der Aufforderung zu folgen.

„Mr. Perkins", sagte sie hochmütig, als sie das Büro betrat, „ich habe einen seltsamen Brief von Ihnen erhalten."

„Nehmen Sie Platz, Madam, und ich werde Ihnen mitteilen, warum ich geschrieben habe. Ich vertrete Mr. John Graves, der eine große Forderung gegen Sie hat."

„Das habe ich mir auch gedacht. Er hat mir gestern die Ehre erwiesen, anzurufen und einen äußerst absurden Anspruch auf den Nachlass meines Mannes geltend zu machen."

„Warum absurd?"

„Es ist ganz klar, dass er versucht, mich zu betrügen!"

„Die Behauptung ist echt."

„Dann soll er es beweisen!"

„Er ist dazu bereit."

"Wie?" fragte sie ein wenig erschrocken.

„Auf die Aussage Ihres Mannes."

„Mein Mann ist tot."

„Er hat ein schriftliches Memorandum zu dieser Behauptung hinterlassen."

Mrs. Lane wusste das, aber sie glaubte, dass es nicht mehr existierte.

„Lass ihn es produzieren", sagte sie ruhig.

„Er ist dazu bereit."

„Es gibt kein solches Memorandum."

„Verzeihung, aber es gibt sie!"

"Wo ist es?"

"In meinen Händen."

Mrs. Lane wurde blass.

„Ich glaube es nicht!"

„Dann zeige ich dir eine Kopie davon."

Er holte von seinem Schreibtisch eine Kopie des Memorandums, das in einem früheren Teil dieser Geschichte abgedruckt war.

„Lesen Sie es, wenn Sie möchten", sagte er.

Sie tat es und ihr Gesicht zuckte krampfhaft.

„Ich kann nicht verstehen, wie das in Ihre Hände geraten soll", sagte sie; „Auch wenn es echt wäre?"

„Mrs. Lane, Sie haben es vor fast zwei Jahren auf Ihrem Schreibtisch liegen lassen und es wurde mir von einem Landstreicher gebracht, der nicht wusste, wie wichtig es ist."

„Angenommen, das wäre so, hätten Sie es mir sofort zurückgeben sollen!"
fuhr sie ihn an.

„Du hättest es zerstört."

„Dies ist nicht in Mr. Lanes Handschrift."

„Nein, aber das Original ist es."

"Lassen Sie mich es sehen."

„Das wird vor Gericht gezeigt."

Mrs. Lane atmete schwer. Sie lehnte sich in ihrem Stuhl zurück und ein
harter Ausdruck erschien auf ihrem Gesicht.

„Ich werde diesem Schwindel widerstehen!" sie zischte.

„Wie Sie möchten. Wer ist Ihr Anwalt?"

„Ich werde darüber nachdenken. Ich bin eine Frau, aber ich lasse mich
nicht ausrauben!"

„Wie es Ihnen gefällt. Mehr habe ich Ihnen heute Morgen nicht zu sagen."

Sie verließ das Büro sehr beunruhigt, wurde aber allmählich ruhiger.

„Ich werde widerstehen!" erklärte sie. „Selbst wenn das Memorandum
von Mr. Lanes Handschrift stammt, behaupte ich, dass er nicht bei klarem
Verstand war, als er es schrieb."

Sie muss jedoch einen Anwalt haben. Es gab einen anderen Anwalt in
Portville, und sie rief ihn vor.

„Mr. Bacon", sagte sie, „es wurde ein hinterhältiger Versuch
unternommen, mich um dreißigtausend Dollar zu betrügen. Der Kläger ist
John Graves."

„Aber, Mrs. Lane, Mr. Graves ist ein Mann von höchstem Ansehen."

„Ist mir egal! Er versucht mich jetzt zu betrügen!"

„Bitte geben Sie mir die Einzelheiten."

„Ich verweise Sie an Enoch Perkins, den er als Anwalt engagiert hat. Er
wird Ihnen alle Informationen geben, die Sie benötigen. Ich möchte, dass Sie
als mein Anwalt fungieren."

Mr. Bacon verneigte sich.

„Ich werde Anwalt Perkins aufsuchen", sagte er, „und wir sehen uns
morgen früh wieder."

Am nächsten Morgen rief er an.

„Nun", sagte er, „ich habe Mr. Perkins gesehen."

"Also?"

„Und ich glaube, dass die Behauptung von Herrn Graves echt ist."

„Er kann das Geld nicht durch ein bloßes Memorandum bekommen."

„Es könnte schwierig sein; aber diese Klage würde Ihren Ruf als ehrlicher Mann ruinieren. Jeder wird Mr. Graves glauben."

„Lasst sie es machen! Ich werde das Geld behalten!"

Sie sagte dies zwischen ihren zusammengebissenen Zähnen.

„Es gibt noch einen weiteren kleinen Umstand", sagte der Anwalt, „der Ihren Fall zu einem verzweifelten Fall machen wird."

"Was ist es?"

„Mr. Graves hat die Quittung Ihres verstorbenen Mannes für das Geld."

„Es ist eine Fälschung!" sagte sie heiser.

„Nein, das ist es nicht. Ich habe es untersucht und kann mit Sicherheit sagen, dass es die Handschrift von Mr. Lane ist. Ich kenne seine Handschrift sehr gut, und das gilt auch für Dutzende anderer in der Stadt."

Mrs. Lane schwieg und ihr Gesicht zeigte tiefe Enttäuschung.

„Dann siehst du keine Chance für mich?" sagte sie mit leiser Stimme: „Siehst du keine Chance für mich?"

„Keinen was auch immer."

„Aber es wird mich ruinieren. Die Zinsen werden eine große Summe ausmachen."

„Mr. Perkins sagt mir, dass Mr. Graves auf Zinsen verzichten wird."

„Meine Entscheidung werde ich Ihnen morgen mitteilen."

Frau Lane gab am nächsten Tag bekannt, dass sie sich der Behauptung nicht widersetzen werde. Es war eine herbe Enttäuschung, aber sie hätte noch zwanzigtausend Dollar übrig.

# KAPITEL XXXVII
# SCHLUSSFOLGERUNG

DREI Tage später erreichten Gerald und Mr. Nixon Portville. Sie besuchten sofort Herrn Nugent, der den alten Mann freundlich und herzlich empfing.

„Mr. Nugent", sagte Tom Nixon, „ich bin bereit, Ihnen die Zinsen für den Betrag meiner Beschlagnahmung zu zahlen."

„Gib es Gerald. Ich will es nicht."

„Ich habe Gerald bereits zehntausend Dollar gegeben, und wenn ich sterbe, wird er alles haben, was ich zurücklasse."

Herr Nugent sah sehr zufrieden aus. Er ergriff herzlich die Hand seines alten Schuldners und sagte: „Es freut mich, das zu hören. Dann hast du Gerald gefunden, der dir hilft?"

„Ohne ihn hätte ich heute nicht leben dürfen. Er hat alles für mich getan."

„Wahrscheinlich hast du dich zuerst über meine Wahl eines Boten gewundert?"

„Ja. Es kam mir seltsam vor, dass Sie einen kleinen Jungen auswählen, aber ich stellte bald fest, dass er den Verstand und die Diskretion eines Mannes hatte."

„Hast du deine Stiefmutter schon gesehen, Gerald?" fragte Herr Nugent.

„Nein, aber ich habe Abel auf der Straße getroffen."

„Was hatte er zu sagen?"

„Er fragte mich, ob ich Geld hätte."

„Was hast du geantwortet?"

"'Ein wenig.' Dann sagte er: „Wenn Sie erwarten, von Ma zu leben, werden Sie sich sehr irren. Sie müssen Ihren Lebensunterhalt selbst verdienen." Ich sagte ihm, ich solle Mrs. Lane nicht belästigen."

„Aber vielleicht können Sie das", sagte Herr Nugent.

Gerald sah fragend aus.

Herr Nugent erklärte:

„Ich habe ein späteres Testament in meinen Händen als das, nach dem Mrs. Lane erbt. Es wurde mir von Ihrem Vater in die Hände gelegt, mit der Anweisung, es nicht vorzulegen, wenn Mrs. Lane Sie fair behandelte.

Andernfalls hätte ich es machen sollen bekannt. Durch dieses Testament verbleibt Ihnen die Hälfte des Eigentums. Das wird sich nur auf zehntausend Dollar belaufen, da Mrs. Lane gezwungen wurde, dreißigtausend Dollar an John Graves abzugeben. Sie wird vergleichsweise arm zurückbleiben."

„Mr. Nugent", sagte Gerald, „bin ich gezwungen, dieses Testament auszunutzen?"

"Warum fragst du?"

„Denn dank Mr. Nixons Großzügigkeit brauche ich es nicht. Ich fühle mich bereits reich. Ich bin bereit, alle Ansprüche auf den Nachlass meines Vaters aufzugeben."

„Deine Stiefmutter hat es nicht verdient."

„Lassen Sie den Jungen seinen Willen", sagte Thomas Nixon, „ich sorge lieber selbst für ihn."

So wurde es arrangiert. Mrs. Lane blieb im ungestörten Besitz des Anwesens, aber jetzt – fünf Jahre später – ist es auf die Hälfte reduziert. Abel hat sich als verschwenderisch und ausschweifend erwiesen und ist weit davon entfernt, seiner Mutter Genugtuung zu verschaffen. Gerald hat das Haus seines Vaters gekauft und ist nun Eigentümer des alten Gehöfts. Er und Herr Nixon leben dort und er hat eine Geschäftsposition in der Stadt inne. Seine Aussichten sind sehr rosig und alles deutet darauf hin, dass er mit der Zeit ein sehr reicher Mann sein wird. In seinem Fall basiert der Erfolg auf Verdienst. Er hat Herrn Nixon Glück gebracht, dessen Gesundheitszustand so gut ist wie in den letzten zwanzig Jahren nicht. Die Wolken, die einen Teil seines Lebens verdunkelten, sind vorbeigezogen, und seine letzten Jahre sind dank Gerald und seiner Mission voller Sonnenschein.

www.ingramcontent.com/pod-product-compliance
Lightning Source LLC
LaVergne TN
LVHW042105190726
843493LV00006B/1368